会社を変える障害者雇用

人も組織も成長する新しい職場づくり

紺野大輝

新泉社

はじめに

「障害者は採用していない。時間の無駄だから早く出て行ってくれ」

今から約20年前、大学生だった私が、ある会社の就職面談に呼ばれ、面接室に入ってわずか3秒で浴びせられた言葉です。部屋中に響く怒鳴り声。あっけにとられる私。椅子にも座らせてもらえずに面接は終了しました。


障害者というだけで、面接すらしてもらえないのか。

健常者と同じようにまっすぐに歩けないことの、何が問題だというのだろう。

就職活動のスタートラインにさえ立てないことが悔しくて悔しくてたまりませんでした。

「こんなひどい言葉をかける企業があるのか」と驚かれるでしょうか。

「障害者にも健常者と同じように働く場所を選ぶ権利がある」と思われたでしょうか。

しかし私が就職活動をしていた1999年当時、障害者への差別はあたりまえのようにありました。今からわずか21年前の出来事ですが、公然と障害者を不当に扱うような発言が、面談や選考の現場で飛び交っていたのです。障害者雇用に積極的な企業はまだ少なく、社会全体でも「障害者が仕事をすること」への賛同と理解は乏しかったように思います。


障害者の就労を促進する「法定雇用率制度」はすでにありました。しかし、あったのは形だけ。制度の本質を正しく理解し、健常者と変わりなく障害者を採用しようとする企業はごく僅か。障害者を雇用している企業も、本文で解説する「障害者雇用納付金制度」を〝罰金〟ととらえ、納付金を払うのと障害者を雇用するのはどちらが得か、天秤にかけていたように思います。

障害者は働く場所や仕事を選べない。そんな時代が長らく続いていたのです。


自己紹介が遅れました。紺野大輝と申します。

私は、先天性の脳性麻痺という障害を持つ、身体障害者です。

幼稚園・小学校から普通学級に通い、健常者のなかで暮らしてきました。障害をとくべつ意識せずに過ごした学生時代を経て、私が、はじめて「障害は大きなハンデである」と気づかされたのが就職活動だったわけです。

就職活動の荒波をくぐりぬけ、幸運にも、社会人になることができた私。現在は、従業員数1800人規模の企業に勤務し、「人事」として障害者採用や育成をはじめ、全従業員の中途採用や人事施策の企画運用に携わっています。

また、ライフワークとして行っているのが障害者雇用の普及活動です。登壇した「障害者雇用セミナー」に参加いただいた企業経営者や人事、従業員の方々は1000人を超えます。働く「障害者」として、企業の「人事担当者」として、障害者雇用の普及活動を行う「講師」として、長きにわたり障害者の就労にかかわってきました。

2016年4月に施行された「障害者差別解消法」では、障害者であることを理由とした障害者の排除や、障害者に対してのみ不利な賃金条件等を与えることを明確に禁止した条項が盛りこまれました。私の就職活動時にあったような、あからさまな差別は、すべてなくなったとは言いませんが、徐々に減っているように見えます。

2019年、重度身体障害者が参議院議員に当選したことも、センセーショナルなトピックスでした。国会議事堂がバリアフリー化されたニュースを見聞きした方も多いのではないでしょうか。働く障害者に注目が集まり、雇用上の課題について議論される機会も増えました。


ここ数年、これまでにないほど、障害者の就労や雇用に関心を寄せる企業が増えています。日本で障害者雇用を義務づけられている企業のうち、法定雇用率を達成している割合は「48%」。まだ全体の半数以下ではありますが、この数字は右肩あがりで伸び続けています。多くの企業で障害者雇用が本格化していくかもしれない。そんな〝兆し〟を感じるのです。


ただ、障害者雇用に興味を示す企業が増える一方で、経営者や人事担当者からさまざまな悩みや戸惑いが聞かれるようになりました。

「面接で障害のことを聞いてもいいんですか?」

「仕事の成果をどこまで求めていいのか、わかりません」

「障害者とどのように接すればいいのでしょうか？」

また、障害者からはこんな声が寄せられます。

「求人数が増えているとはいっても、なかなか就職のチャンスがないんです」

「障害者求人は非正規雇用・低賃金が多くて、長く勤められるイメージを持てません」

「人間関係がうまくいかずに、3カ月で辞めてしまいました」

障害者を雇用したい企業と働く意欲のある障害者。それぞれが増えているにもかかわらず、お互いを誤解していたり、不安や不満を抱えていたり……両者のあいだにうまく橋がかかっているとは言いがたい現状があります。

すでに障害者を雇用しはじめている企業もまた、「うまくいっている企業」と「そうではない企業」に二極化しています。

「障害者がいきいきと働き、事業に貢献している企業」と「障害者が早期に辞めてしまい、採用を繰り返している企業」の違いは何だろう――!?

そんな疑問を持った私は、障害者雇用に積極的な企業を複数社取材しました。その結果、見えてきたのは「障害者雇用がうまくいっている企業は、障害者を組織の仲間として迎えいれ、業務改善や風土改革まで実現している！」という事実でした。

うまくいっているすべての企業が、障害者雇用に「〝法定雇用率〟達成以上の価値」を感じていたのです。そして「成功する企業」と「失敗する企業」をわけていたのは、企業規模でも従業員数でも、資金力でもなく、ちょっとした工夫や心構えの違いでした。

本書は、障害者雇用に興味のある企業経営者や人事担当者、そして障害者と共に働くビジネスパーソンに向けて書かれた本です。

これから障害者雇用をはじめる企業、もしくは障害者を雇用しているものの定着・活躍に繋がっていない企業に役立てていただけるのではないかと考えています。

障害者として雇用されている私自身の経験や、企業の人事として障害者を採用・教育してきた経験、講演会やセミナー、取材などを通じて多くの企業経営者や人事担当者の悩みに耳を傾けてきた経験から、「企業と障害者がwin-winになれる障害者雇用のノウハウ」をお伝えします。企業と障害者がお互いに歩み寄り、より良い雇用関係を築いていくヒントになれば幸いです。

序章では、私の半生をふりかえりながら、「障害者である私」が働くことでどう変化していったのかを綴りました。

第一章では、経営者に向けて「なぜ今障害者を雇用すべきなのか」「経営者としてどのような心構えで障害者雇用に取り組めばいいのか」について書きました。

第二章では、人事担当者に向けて、障害者採用における「募集」「選考」「面接」「入社後フォロー」の具体的な方法についてまとめました。

第三章では、障害者が配属されることになった現場のマネージャーに向けて「管理職が担うべき役割」や「マネジメント手法」について記しました。

第四章では、障害者雇用を行っている企業の事例を通じて、「人間関係の築き方」や「どのようなチームのあり方がベストなのか」「障害者を含めたダイバーシティが組織に与える影響」について考えてみます。

第五章では、障害者雇用に関する法律や、活用を検討したい助成金・サポート制度などについて解説しました。

なお、本書の制作にあたっては、「障がい」「障がい者」の「害」の字を、漢字で表記しています。ひらがなで記載した場合、音声ブラウザやスクリーン・リーダーなどで読みあげる際に誤読される可能性があることが主な理由です。また「障害はその人自身ではなく社会の側にあるもの」「害の字をひらがなに変えただけで、差別や偏見がなくなるわけではない」というのが個人的な考えです。

一人ひとりが自分に合った仕事や働き方を選択できる時代へ。
障害者も健常者もいきいきと活躍できる社会へ。
本書が、企業と障害者双方にとって、より良い雇用関係をつくる一助となればと願っています。

紺野大輝

会社を変える障害者雇用　人も組織も成長する新しい職場づくり―目次

第2章

募集・選考・定着支援の秘訣

企画協力
Jディスカヴァー　城村典子
編集協力
猪俣奈央子
装幀
松田行正＋杉本聖士

序章

働くことで障害者の「私」はどう変わったか

障害児として生まれた私

私には生まれながらに障害があります。

障害者手帳に書かれている障害名は「脳原両上肢機能障害」。脳性麻痺により脳の一部が損傷し、神経の伝達が遅くなることで運動機能が低下する障害です。障害があることは出生前の検診でわかっていましたが、私の両親は、産むことをためらわなかったようです。待望の第一子を喜んでくれ、障害があったとしても大きく輝く子になって欲しいと願いを込めて「大輝」と名づけてくれました。

身体障害者手帳は重度の2級。医師には「この子は一生歩くことはできないでしょう」と告げられたそうです。しかしながら母は、私が歩けるようになることを諦めませんでした。出生から4歳までは病院に入院。家に帰宅できた休日も、歩行訓練やハードなリハビリを繰り返したのです。努力の甲斐もあり、医師の見立てに反して2歳で立てるようになり、4歳で歩けるようになりました。

「障害のない子と同じように生きていくためには、何倍もの努力と時間が必要」というのが紺野家の家訓。「障害があるからできなくても仕方がない」「無理しなくていいよ」「今のままで大丈夫」なんて言われたことは一度もありません。

地元である北海道の自宅近隣には障害児を受け入れてくれる幼稚園がなく、卒園まで片道30分をかけて学区外の幼稚園まで歩いて通いました。

当然のように、小学校・中学校・高校は普通校に進学。友達はみんな健常者です。からかわれたことがまったくなかったとはいいません。体をうまく動かせない様子を見て、笑われることもありました。しかし、わけへだてなく接してくれる、気を許せる友達もたくさんできました。

今ふりかえれば、子ども時代は、「自分が障害者であること」をとくべつ意識していなかったように思います。健常者と共に学び、共に遊ぶというのが、私にとってあたりまえの世界だったのです。

私は現在も、障害を理由にした困難を実はあまり感じていません。

幼少期のリハビリが奏功したのかはわかりませんが、医師が驚くほどに障害の程度も重くならずに済みました。運動機能の障害を患っているため、「まっすぐに歩けない」「健常者と同じ持ち方で箸やペンを持てない」「ハサミで直線を切れない」などの特徴はあります。ただ、生まれながらにして、ずっとその状況なわけです。健常者が思う〝普通〟の感覚が私にはわかりません。

「ペンで字を書く」「箸で食べる」「歩く」といった行為においても、自然と、自分なりにやりやすい方法を身につけています。足を引きずって歩いている私を見て、「障害があって大変そうだ」というまなざしを向けられることもありますが、生まれながらに障害を持っている私にとっては、これが普通であり、日常なのです。

しかしながら、そんなふうに障害を意識せずに生きてきた私が、強烈に「自分は障害者である」と突きつけられた出来事がありました。それが「就職活動」です。働くことを前にしてはじめて、「障害のある者」と「障害のない者」のあいだに引かれている線の存在に気づかされたのです。

公務員になるしか生きる道はない？

私が中学1年のとき、両親が離婚。母は懸命に働き、私と8歳下の弟を育ててくれました。実は、そんな母から呪文のように言い聞かせられていたことがあります。
「大輝は障害があるんだから、職業を選べない。ちゃんと勉強をして、いい大学を出て、公務員になるんだよ。それが一番いい道だからね」

公務員になれば一生安泰。そんな考えが母親にはあったのでしょう。今思えば、「公的機関以外にも障害者が働ける場所はある」「公務員だからといって一生安泰とはいいきれない」とわかりますが、働くことに無知だった私は深く考えることなく、〝障害者は公務員になるしか生きる道はない〟と思いこんでいました。

高校時代はがむしゃらに勉強し、東京の大学に進学。生まれ育った北海道を出ることも、母が出した条件でした。「高校を出たら、北海道を出ること。何か問題が起きたとしてもすぐに親が飛んで行って助けられない距離で一人暮らしをしなさい」というのが母の教えだったのです。高校を卒業したら、自活できる力を身につけてほしいと考えていたのでしょう。一方、そんな親心も知らない私は、都会に憧れ、一人暮らしができる喜びに心躍らせていました。

いざ大学に入学すると、これまで勉強していた反動からか、遊ぶことに夢中になった私。とくに旅行が好きで、日本はもちろん海外にもよく出かけていました。在学中に時間無制限のホノルルマラソンに初挑戦し、12時間の死闘の末、40キロ手前でリタイアした過去もあります……（ちなみに32歳のときにリベンジし10時間44分で完走しました）。

これらの趣味を楽しむためにはお金が必要です。そこで普通の大学生がしているように、私もアルバイトを始めることにしました。コンビニなどの近くのアルバイト先にかたっぱしから電話をかけ、面接を受けます。行く先々で、「障害者はちょっと……」「安全面で心配があるので雇えない」と断られました。

「障害者である私は健常者の友人と同じように、働くことはできないのか……」と愕然としました。いくら働きたい気持ちがあっても、自分としてはうまくできると思える仕事でも、企業の担当者はそう判断しません。私にとってはじめて、自身が障害者であることのハンデを肌で感じた瞬間でした。

確かに、企業側の懸念や不安も理解できます。歩いたり、品出ししたりする行為を、私はすばやくできません。健常者が「10」できて、障害者である私が「5」しかできない仕事だった場合、同じ時給を払うのであれば健常者を雇いたいと考えるのも当然でしょう。

逆をいえば、健常者が「10」できて障害のある私も「10」できる仕事であれば問題がないはずです。スピードが求められず、体力勝負にならない仕事には何があるだろうか……そう考えて、思いついたのが塾講師のアルバイトでした。さっそく面接を受けたところ、今までの苦労が嘘のように応募1社目で見事合格。こうして私ははじめて働く場所を得たのです。

労働観を変えた塾講師のアルバイト

私のアルバイト先は、小学生から高校生を対象とした個別指導塾でした。生徒が入塾すると3〜4人の講師が交替で勉強を教えます。一定期間が過ぎたところで生徒は、担当講師を指名。指名された講師が生徒の専任担当となります。教える生徒の人数が多ければ多いほど、時給もアップするシステムでした。

ようやく得たアルバイトの仕事。私は、はりきって入塾した生徒を教えます。しかし1カ月経っても、2カ月経っても、生徒から指名されません。そしてある日、経営者から衝撃的なひと言を告げられます。「あと1カ月経っても、専任の生徒がつかなかったら、クビだから」。その塾では就業後3カ月で担当生徒がいない場合、解雇になる契約になっていたのでした。

アルバイトをクビになるかもしれない。私は焦りましたが、同時にこんなふうにも思いました。

「このまま仕事を続けられないとしたら、それは障害が理由ではなく、自分の努力不足が原因だ。障害は言い訳にならない。自分の能力をあげられるよう努力するしかない！」

以前にも増して、真剣にアルバイトの仕事に打ち込むようになります。勤務時間外にコミュニケーションや心理学の本を読みあさり、学んだことを授業で実践するようにしました。子ども一人ひとりの理解度やペース、性格にあわせて、コミュニケーションのとり方を変えるよう工夫します。

そうしてクビ宣告を受けてから約1カ月後、タイムリミットまであと数日というところで、ある生徒が「僕、この先生にこれからも教えてもらいたい！」と指名してくれたのです。心底、嬉しい瞬間でした。努力が報われることは、こんなにも嬉しいものなのかと初めて知りました。

一人でも指名されると自信を持てるようになり、教え方も洗練されていきます。そこからは右肩あがりに、どんどん担当生徒が増えていきました。気がつけば、50人いるアルバイトのなかで3人しかいない、社員をサポートする「主任」を任されるようになっていました。新人アルバイトの教育をしたり、カリキュラムをチェックしたり。仕事の幅が広がり、時給があがり、主任手当までつくようになりました。

障害があっても、自分ができることを活かせば、人並みに働ける。障害がハンデにならない職業を選び、努力と工夫を積み重ねれば、きちんと評価してもらえる。仕事で人の役に立ち、誰かから求められ喜ばれることは、とても楽しくやりがいがある。

そう私に気づかせてくれた塾講師のアルバイトは、私にとって働く原点となりました。

同時に、ある疑問がわいてきます。「障害者は公務員になるしか生きる道はない」という考えは誤解ではないだろうか。公務員は確かに安定した職業かもしれないが、私は、本当に公務員になりたいのだろうか。

自問自答を繰り返した結果、決してそうではないと気づきます。私が出した答えは「一度きりの人生、やりたいことをやって生きたい！」でした。

就職活動で味わった希望と挫折

好きなことを仕事にしたいと考えた私が、志望したのは旅行業界。大学3年のとき、専門学校に通って「国内旅行業務取扱主任者（現：国内旅行業務取扱管理者）」と「一般旅行業務取扱主任者（現：総合旅行業務取扱管理者）」の二つの国家資格を取得しました。

進学した法政大学で学びながら、立教大学が運営する「ホテル・観光・経営講座」を受講。平日は二つの大学の授業を受けつつ、週4回は個別指導塾で主任としてアルバイトに精を出す日々。忙しくも充実感があり、将来への希望に満ちあふれていました。実務に活かせる資格も取得し、就職活動への準備も万全です。

私が就職活動を行った1999年は、就職氷河期と呼ばれる時代。興味のあった旅行・ホテル業界はとても狭き門でした。健常者の友人と一緒に、ホテル業界の就職講座に通ったり、合同就職説明会に参加したりしていました。

今振り返れば、考えられないことですが、実はこのとき、私は「障害者採用枠」の存在を知らなかったのです。もし知っていたとしても、負けず嫌いだった大学時代の私は、障害者のみを募集する求人は選ばなかったかもしれません。ただ、無知ゆえにその選択をする機会さえありませんでした。

当時の私にとっての懸念は、「障害を持っていることは就職活動でどのくらい不利になるのだろうか」ということ。アルバイトを探すときに感じた壁は、当然ながら新卒の就職活動にもあてはまるだろうと考えたのです。

就職活動時、私は「脳原両上肢機能障害（2級）」の障害者手帳を持っていました。身体障害者で等級が1〜2級の人は、重度障害者にあたります。

障害があるだけでハンデなのに「重度」の障害を抱えた人を雇いたい企業なんてあるわけがない。心配になり、夜も眠れません。焦った私は、病院に駆けこみ、医師に相談しました。「就職のハンデになるから、障害の程度を再検査してほしい」。そう話す私に、先生は心から驚いた表情で「障害の程度を軽くしたい人なんていないよ。本当にいいの？」と何度も何度も尋ねてきます。それもそのはずです。障害者手帳を持っている人は福祉サービスを受けられるのですが、等級によって利用できるサービスが変わります。等級が重いほうが手厚い支援を受けられるため、一般的には障害を軽く見せたいという人はほとんどいないのです。しかしながら、そのときの私にとって障害者手帳は就職の邪魔をする憎むべき存在。少しでも等級を軽くしたいという意志はゆらぎませんでした。

障害者の雇用を促進するために、日本には法定雇用率制度というものがあります。重度障害者は企業が実雇用率を計算するときにダブルカウントされるため、「重度障害者＝就職活動で不利になる」とは一概にいえません（詳しくは第五章を参照ください）。しかし障害者採用の存在すら知らず、法定雇用率制度なんて聞いたこともない私は知る由もありません。

「10メートル歩いてUターンする」「1分間、細い紐を結ぶ動作を連続で行う」など障害の等級をはかるために必要な検査を受診。少しでも障害の等級を軽くしたい私はもう必死です。鬼の形相で挑戦し、その結果「障害者等級4級」を勝ちとりました。「2級」から「4級」に変更になったのです。私が重度障害者から中度障害者へと変わった瞬間でした。達成感と満足感、そしてとてつもない疲労感と共に帰路に着いたのを覚えています。

後日談ですが、母親に障害の等級を変更した旨を告げると、「なにを考えているの！」

とこっぴどく叱られました。そもそも公務員になることを希望していた母ですから、私の就職活動にも大反対。おまけに相談もせず、障害の等級を変更したわけですから……母の怒りはお察しいただけるかと思います。この等級変更事件は、採用の仕組みを知らなかった私の無知が招いた若気の至りです。ただ、それだけ「企業に就職して働きたい！」という気持ちが大きかったのだと思います。

「君は、税金対策で雇っただけだから」

進学した法政大学とは別の立教大学に通って観光やホテル経営を学びました。旅行関連の資格をとりました。アルバイトで働く経験を積みました。障害者手帳の等級まで変更しました。思いつく限りの対策をしてのぞんだ就職活動でしたが、やはり現実は厳しかったです。

49社受けて、そのうち一次面接を通過した会社は、一社もありませんでした。丁寧な対応をしてくれた企業もありますが、私が障害者とわかるや否や、面接を拒否され、「うちは障害者を雇っていないから早く帰ってくれ」と門前払いされたこともあります。
私が仕事をできるかどうかを見極めようとせず、障害者というだけで面接のチャンスさえ得られないことに理不尽さを感じました。「観光やホテルといった接客業に就いている人たちでも、こんなにひどいことを言うのだなあ」と落胆したことを覚えています。不合格通知を受けとるたびに気持ちが折れかけましたが、「好きな仕事で働くことを諦めたくはない」と応募し続けました。

転機となったのは、50社目に応募した老舗ホテル。面接に呼ばれ、ほかの応募学生と一緒に集団面接を受けました。ほかの学生がさまざまな質問を受けるなかで、私にされた質問は志望動機と通勤時間のみ。それさえ淡泊なやりとりで終わってしまい、正直、「落ちた……」と思いました。障害についても詳しいヒアリングはありませんでしたから、こちらもまったく期待をしていなかったのです。

一週間後、ポストをのぞいてみると、面接を受けた会社から手紙が届いています。「履歴書が送り返されてきたのかな？」と思いながら封をあけると、目に飛びこんできたのは、夢にまでみた内定通知でした。

「やった！　これで4月から働ける！　あきらめなくてよかった！」

就職のスタートラインに立つことさえ困難に思えた私でしたが、こうして新社会人になる切符をつかむことができたのでした。


ただ、この喜びは新社会人になる2カ月前に、打ち砕かれることになります。

入社を前に内定者の集まりがあり、私は同期と一緒に、事業内容や仕事内容の説明を受けました。ひととおりの説明が終わると、人事の担当役員が近づいてきます。「紺野くんだけ、このままここに残ってもらえる？」、そう声をかけられました。「障害について聞かれるのかな？」と直感的に感じた私は、ほっとしたのを覚えています。面接では私の障害について何も聞かれていませんでしたから、企業側と障害についての共通認識を持てていません。入社前にきちんと説明しておく必要があると考えていましたから、面談はありがたい機会でした。


二人きりになると、担当役員が口をひらきました。

「新卒社員は全員接客職からのスタートだと説明していたけれど、紺野くんにはバックオフィスで事務の仕事をしてもらうよ。君は、税金対策で雇っただけだから。言っている意味、わかるよね？　障害者が接客の仕事をして問題を起こされても困るからさ」。

黙っている私に、人事の担当役員は、これまでの障害者雇用で会社がどれだけ苦労をしてきたか、過去に問題を起こした障害者やすぐに辞めてしまった障害者の話を延々と続けました。

「頼むから、すぐに辞めないでね。障害者採用にはもう疲れたから」

税金対策？　障害者採用に疲れた？　私には意味がわかりません。

もともと接客の仕事がしたくて応募した求人でした。志望していたホテルで接客の仕事ができるからこそ、内定をもらったとき、飛びあがるほど嬉しかったのです。

障害者が働くということは、こんなにも難しいものなのか。私は打ちのめされたような気持ちでした。障害者というだけで区別されてしまう。私の力で内定を勝ち得たわけではなかった。悔しい思いがわきあがってきましたが、季節はもう2月です。今から就職活動を再開しても、働く場所を見つけられそうにありません。結局、私は悲しく悔しい気持ちを抱えたまま、その会社に就職したのです。

10年後も20年後も同じ仕事を続けられるのか

就職した会社で配属されたのは購買部。レストランで提供している食材を仕入れる仕事です。いい食材を、より安く仕入れるためには、交渉力や調整力が求められます。社内も社外も、さまざまな人と関わることができる、やりがいのある仕事でした。

「君は税金対策で雇っただけだから」というひと言にたいへん落ち込んだ私ですが、実際に入社してみると、私が障害者だからという理由で区別や差別する人は誰一人いませんでした。健常者と同じチームに配属され、部署の人数が少なかったこともあり、重要な仕事を積極的に任されたのです。

私はすぐに購買の仕事に夢中になりました。接客職に就けなかったという事実も、「購買の仕事も人との関わりが重要になる仕事だ」と捉えなおしてからは、さして気にならなくなりました。学生の私が知らなかった仕事が、ビジネスの世界にはたくさんあり、なにごともまずは「やってみることが大事」だと気づいたのです。

もし人事の担当役員と話したとき、「君は障害者だから事務として働いてもらうけれど、任せる購買の仕事も非常に重要だ。期待しているから頑張ってくれ」と言われていたら、入社当時の心持ちは、まったく変わっていただろうと思います。

チームの一員として楽しく仕事をし、5年という月日が経ちました。私は副主任に昇格し、忙しくもやりがいのある充実した日々を送っていました。障害者をわけへだてなくチームに受け入れ、活躍の機会を与えてくれた一社目の会社に感謝をしています。

このままこの会社で働き続けることも可能でしたが、残念ながら、当時在籍していた会社には障害者の私が進めるキャリアステップがありませんでした。

この会社にいたら、ずっと購買の仕事をすることになる。10年後も20年後も30年後も、定年まで同じ仕事ができるだろうか。もっと違う仕事にチャレンジしてみたくなった私は5年を一区切りとし、会社を辞め、転職活動をスタートさせたのです。

転職活動にあたりハローワークに行くと、障害者採用の窓口を案内されました。

「えっ!? 障害者のための求人ってあるの?」とたいへん遅ればせながら、28歳にして、はじめて障害者採用についての知識を得たのでした。

まずはハローワーク主催の障害者向け合同説明会に参加します。障害者を採用したい企業のみが集まっていますから、当然ながら、障害を理由に門前払いされることがありません。「こんなにもスムーズに話を聞いてもらえるのか!」と学生時代の就職活動との違いに驚き、感動したのを覚えています。

しかしながら何十社も話を聞いてみて、私が希望する求人が少ないことに気づきます。障害者向け求人には、障害者雇用の課題ともいえる、共通する特徴があったのです。

一つは、補助的な業務が多かったことです。事務職や○○アシスタント職のようなサポート業務がメインでした。障害に対しての配慮があれば、障害者も健常者と同じように働くことができます。障害者だから補助業務しかできないわけではありませんし、障害のある人がみな責任あるポジションを避けるわけでもありません。しかし不思議なほど、サポート職しか求人がありませんでした。

二つ目は、契約社員をはじめ有期の雇用契約が多かったことです。毎年更新や半年ごとに更新があり、最大5年など上限が決まっている会社もありました。5年おきに転職を繰り返した場合、40代・50代で次の仕事先が見つかるかどうか、やはり不安が残ります。定年まで働き続けたい私にとっては、有期雇用契約はリスクがあるように思えました。また、有期雇用のほうが無期雇用よりも入社時給与は低くなる傾向があります。障害者向けの求人は、入り口のハードルは低いものの、「長く定着する」「定年まで活躍する」という視点でみたときに、条件を満たす求人はそう多くはない印象を受けました。

平成28年に障害者雇用促進法が改正され、「差別の禁止」や「合理的配慮」が義務化されました。募集や採用、賃金、配置、昇進、降格、教育訓練などにおいて、障害者であることを理由に障害者を排除することや、障害者に対してのみ不利な条件をつけることは法律で禁止されています。このことで表立った差別は減っているものの、まだまだ障害者にとって職業の選択肢が限定的であったり、正規雇用での求人が少なかったりする現実は、現在も続いていると感じます。

私が転職先に選んだのは、従業員約1800名を有する情報提供サービス会社です。障害者枠での採用でしたが、正社員雇用で、給与や待遇・勤務条件も、障害のない社員と同等であったことが決め手になりました。入社直後はデータ構築部門に配属され、のちに同部門にて障害者の採用・教育・管理に携わりました。人事セクションへの異動後は、全社の中途採用をメインに人事施策の企画やメンタルヘルス対策などの仕事を担っています。

働きたい障害者と企業の架け橋になりたい

転職先の企業で働いていた2015年、私にとってある転機が起こりました。

障害者の就労移行支援事業を手がけていた経営者から「当社を利用している障害者に、あなたのこれまでの経験を話してもらえませんか」と依頼されたのです。

実は、これまでも講師として講演をする機会がありました。ホノルルマラソンに挑戦し、完走をした様子が映画で紹介されたことをきっかけに、障害者の私の半生をお話しする機会がたびたびあったのです。

しかし、それは一般の方向けに「チャレンジする大切さ」を伝えるための講演。障害のある方々に向けて「就労」をテーマに講演をしたことはありませんでした。その講演には20名程の障害者が参加。みなさん実に熱心に私の話に耳を傾けてくださいました。

講演後、参加者一人ひとりとお話がしたいと思い、一人10分ずつ個人面談の時間を設けました。その面談で、ある40代の女性が、こんなことを話してくださったのです。

「私は障害年金をもらいながら暮らしています。実家暮らしですし、正直、お金には困っていません。生きていくためのお金は十分にあります。でも働きたいのです。働いて社会とかかわっていたい。そうでなければ、なんのために私は生きているのか、わからなくなってしまう」

私はこの話に大きな衝撃を受けました。

私自身、自立して生きていくために働いてきました。労働は、収入を得るため、生活するために必要なものだと捉えていたのです。ただ、働けない障害者のなかには、社会とのかかわりが感じられず孤独を感じている方や、「社会から必要とされたい」「社会から求められ、誰かの役に立ちたい」という切実な思いを抱えている方がいるのだと知りました。

私自身、平日は会社員として働きながら、休日に講演活動や執筆活動をしています。「休まなくて大丈夫？」と心配されることがありますが、講演や執筆活動がライフワークとなっています。少しでも社会の役に立てることが、明日を生きる原動力になっているのです。会社での人事の仕事も、講演や執筆活動も、私が私らしく生きていくためになくてはならないものです。「誰かの役に立ちたい」「人に喜んでもらえると嬉しい」気持ちが私を突き動かしていると感じます。

障害のある方と膝をつきあわせて話をした時間は、改めて働くということの原点に立ちかえり、「障害者にとっての働く意義や価値」を再認識した瞬間でした。

障害者の雇用環境を変えたい。

障害に関係なく、やりがいを持って働ける社会をつくりたい。

そう考えた私は、翌年に初著書となる『障がい者の就活ガイド』を出版します。この本は新聞等でも取りあげられ、ありがたいことに、たくさんの反響をいただきました。障害のある方から「あの本を参考に就職活動をしました」と声をかけていただけるのが、本当に嬉しかったです。

障害者雇用のセミナーや講演会を依頼される機会が増え、全国をとびまわる日々が始まりました。障害のある方だけではなく、企業経営者や人事担当者と話すことも増えました。企業の方々との会話のなかで感じたのは、障害者雇用への興味・関心の高まりです。以前よりも多くの企業が障害者雇用に前向きで、これから取り組んでいかなければならないと感じていました。その一方で、企業側もまた障害者雇用をどのように進めていけばわからず悩んでいたのです。

働きたい障害者は年々増えてさえいます。障害者の雇用に前向きな企業もあります。しかし両者のあいだに強くて立派な橋がかかっているとはいいきれません。両者のあいだに誤解や隔たりがあるとも感じています。

また、「国の政策で障害者を雇用しなければいけないから」「法定雇用率を達成しないと納付金を支払わなければならないから」という理由で仕方なく障害者雇用に取り組もうとしている企業もまだ多く存在し、そのような企業が障害者とのミスマッチを生んでいるようにも思えます。

「働きたい障害者」と「障害者を雇用したい企業」の架け橋になること。

健全に障害者雇用に取り組む企業が増え、社会でいきいきと活躍する障害者が増えること。それが私の願いであり、本書の出版を通じて成し遂げたいことです。

いつか「障害者採用」という言葉がなくなり、「法定雇用率」という概念が必要とされなくなる社会になることを目指して。障害者が企業のなかであたりまえに活躍し、一人ひとりが持つ能力がきちんと認められる社会になることを願って。本書では、これから障害者採用に力を入れたい企業の方々に、障害者雇用のノウハウを余すことなくお伝えします。

第1章

経営戦略としての障害者採用

経営者の意思決定が会社を変える

なぜ今、障害者を雇用すべきなのか

第一章でお伝えしたいのは、あなたが経営もしくは所属している会社で、障害者雇用を促進していく〝意思決定〟をしていただきたいということです。

まだ障害者を雇用した実績がない企業は「第一号社員」を、障害者を雇用している企業は「さらなる増員」を検討されることをお勧めします。というのも、障害者採用が、企業を大きく発展させるターニングポイントとなる可能性を秘めているからです。どのようなスタンスで障害者採用に取り組んでいくかが、運命の分かれ道になります。

本書でお伝えしたいのは、多くの企業で行われてきた社会的・道義的な観点からの障害者採用ではなく、企業が持続的な成長を遂げていくための、人も組織も成長していくための「経営戦略」としての障害者採用です。

まずは「なぜ今、障害者を雇用すべきなのか」、社会的背景から考えてみましょう。

(1)労働人口の減少

日本の人口は、戦後右肩上がりで増加してきましたが、2008年の1億2808万人をピークに減少に転じています。その要因の一つが出生率の低下です。厚生労働省が発表した人口動態統計(表1)によると、1950年からの統計では、2018年に生まれた子どもの数(出生数)は91万8400人で過去最低を更新。3年連続で100万人を割っています。

少子高齢化が加速する日本で、労働人口の減少は避けて通れない課題です。国勢調査および国立社会保障・人口問題研究所の将来推計人口調査結果によると、主な働き手となる15歳から64歳までの生産年齢人口は2013年10月時点で7901万人となり、32年ぶりに8000万人を下回りました。今後の予測では、2060年には4418万人まで大幅に減少することが見込まれています。

表1　日本の高齢化の推移と将来推計

総務省ホームページの表をもとに作成

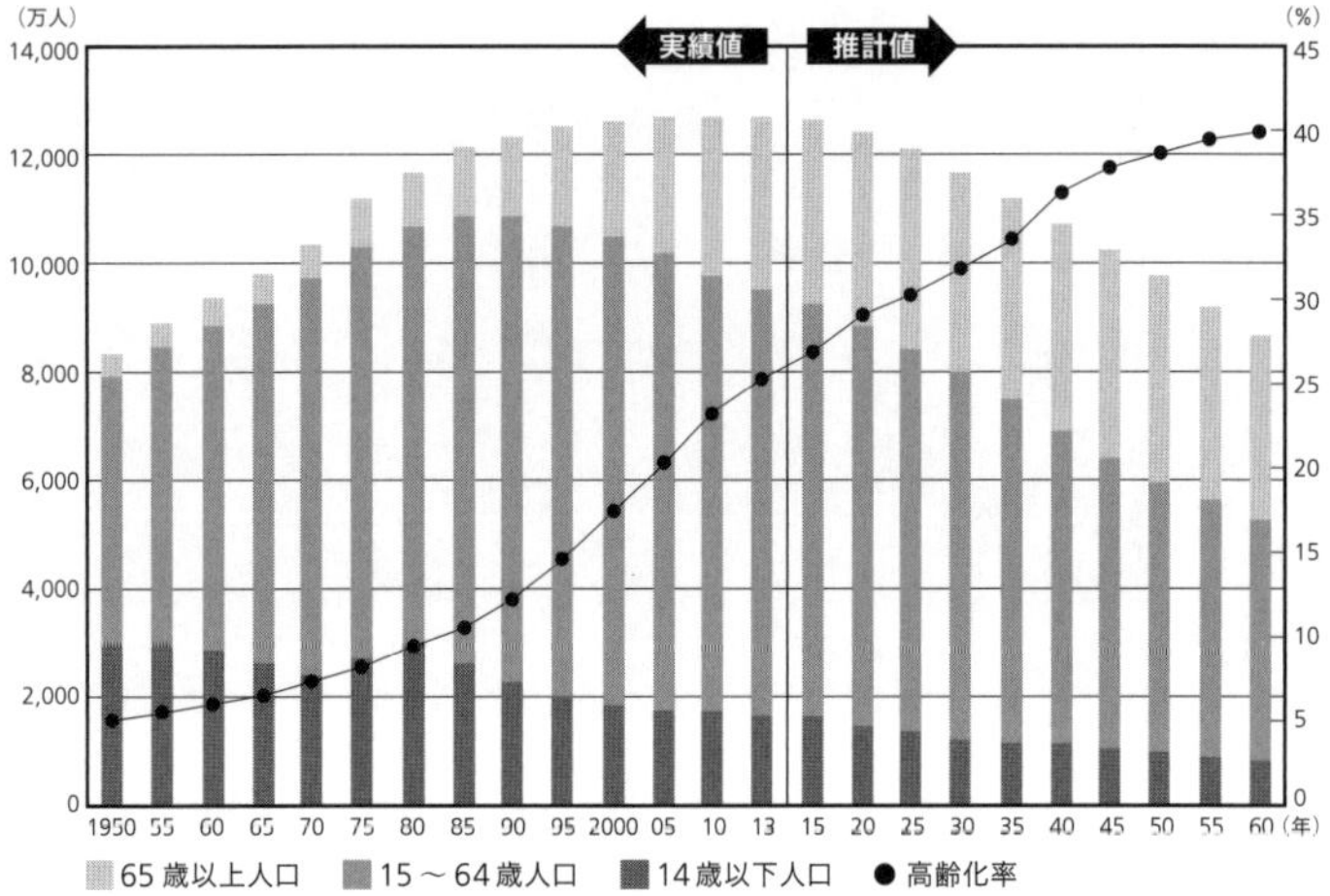

労働人口が減ることで、人材の奪い合いになることは必至です。現に、新卒採用も中途採用も、例年通りの予算と手法では、人材の獲得が難しくなってきたと感じている方も多いのではないでしょうか。

私も従業員数約1800名規模の企業で人事の仕事をしていますが、採用に携わるようになった5年前と現在を比較しても「圧倒的に採用が難しくなった」と感じます。ネームバリューのある大手企業でさえ戦略なくして若手人材の採用はできない時代です。採用競争力の低い中小企業であればなおさらでしょう。

労働人口の減少は、すでに確定してい

る予測可能な課題ですから、なにかしら打ち手を考えていかなければなりません。現在行っている採用活動の計画やフローを見直し、一つひとつの施策の質を高めていくことはもちろん、これまで採用してこなかった人材に目を向ける必要があります。そこで近年、労働人口減少への対策として「女性活躍」「外国人採用」「高齢者採用」に注目が集まっています。「障害者採用」は労働力としてあまり認知されていないように感じますが、採用や定着支援の仕方次第で、障害者は十分戦力になりえます。

厚生労働省発表の「就労支援施策の対象となる障害者数／地域の流れ」によると、現在、日本にいる障害者数は全国約９６４万人。そのうち18歳から64歳の在宅者数は約３７７万人。一方、民間企業で働いている障害者数は約53万人しかいません（平成30年6月1日現在）。３７７万人のうちたった14％しか企業は活用できていない現実があります。

障害者採用のノウハウは、女性活躍や外国人採用、高齢者採用にも活かすことができます。なにより障害者採用は、まだノウハウを蓄積している企業が少なく、今から取り組めば高いアドバンテージを得られる数少ない領域です。

（2）働き方改革の推進

「24時間働けますか？」のキャッチコピーに代表されるように長時間労働があたりまえの時代がありました。いかに早く大量のモノをつくれるかが成長のカギを握っていたビジネスシーンでは、社員の長時間労働が美徳とさえされていました。しかし、時代は変わりました。高度経済成長期は終わり、もはや同じモノを量産していれば業績が伸びる時代ではありません。経済構造が変化し、ＩＴやＡＩの技術も進化しました。長時間労働がビジネスを前進させる武器ではなくなったのです。

日本で長きにわたって行われていた終身雇用を前提とした雇用慣習も崩れつつあります。新卒者を「総合職」として一括採用し、ジョブローテーションを繰り返しながら、成長を促していく雇用慣習では、「どの部署にいっても一定の成果が出せる人材」「一人二役三役を担えるマルチタスク型の人材」が重宝されてきました。しかし、企業寿命の短命化に伴い、終身雇用が崩壊。労働人口の減少を前に、長時間労働やマルチタスク型では働きづらい人材を企業に呼び戻そうとする機運が高まっています。

政府が呼びかける「働き方改革」もその一つです。事実、働き方改革の名のもと、長時間労働の是正や有給休暇の取得推進、在宅勤務やテレワークなどに取り組む企業も増えています。

「マルチタスク型からスペシャリスト型へ」「画一的な働き方から多様な働き方へ」。さまざまな企業で、このような転換が起きています。スペシャリスト型の採用や多様な働き方が企業に浸透すれば、障害者は今よりもっと活躍しやすくなります。

ここで注目したいのが、ソフトバンクグループと東京大学先端科学技術研究センターが連携して立ち上げた「ショートタイムワークアライアンス」の取り組みです。

多様な人々が参加できるインクルーシブな働き方モデル「IDEA（Inclusive and Diverse Employment with Accommodation）」の考え方をもとに、時間にとらわれない超短時間雇用を推奨しています。

日本には「障害者雇用率制度」というものがあり、45.5人以上を雇用している民間企業は、全体の2.2％以上の障害者を雇わなければならないと義務づけられています。ただ、この雇用率を算定する際に、対象となるのは「週20時間以上」働いている人のみです。

週20時間未満の社員は法定雇用率にカウントされず、企業は障害者を雇った実績になりません。たとえば発達障害や精神障害などの理由により長時間勤務が困難な方は、その方の能力が高く、働く意欲があったとしても、法定雇用率にカウントされず、それゆえに企業から雇用されづらいという課題がありました。

これらの法定雇用率にとらわれず、多様な人材の有効活用に目を向けようという取り組みが「ショートタイムワークアライアンス」です。「週1日・4時間」といった超短時間勤務を可能にし、複数人の障害者の勤務時間を合算して一人分にするなどの工夫をしています。

実際、ソフトバンクグループをはじめとする民間企業や、川崎市や神戸市といった自治体など130法人で採用され、成果の声があがっているようです。

講演会に参加した際、登壇されていた大学教授がこんな事例を紹介してくれました。ある企業に「英語が得意ではない」管理職がいました。課長に昇格したことで毎週英語でレポートを提出しなければなりません。そこで課長は「英訳ができる」障害者を雇用。マルチタスクは望まず、英訳のみを任せるため、短時間での雇用でも支障はありません。苦戦しながら英訳していた課長の時間を短縮でき、組織の生産性はグンと高まります。

雇ってから仕事を考える〝人型〟採用ではなく、仕事ありきで人を採用する〝ジョブ型〟採用の特性と、超短時間勤務を可能とするショートタイムワークの特性がかけあわさった好例といえます。

働き方改革やショートタイムワークが組織に好影響を与えている事例はほかにもあります。日本マイクロソフトでは、働き方改革の自社実践プロジェクトとして、2019年8月、期間限定で「週勤4日&週休3日」の取り組みを試験的に実施しました。8月全ての金曜日を休業日とし、全オフィスをクローズ。従業員に特別有給休暇を付与したのです。その結果、労働生産性が「40%」あがったことが報告されています。

先進的な企業はいずれも、業務時間の短縮化に取り組んでいます。そのトライアルとして、まず障害者雇用で時短勤務を導入してみるのも一つの手です。

(3)ダイバーシティの実現

経済成長期においては、〝こうすればうまくいく〟というビジネスの方程式がありました。ときに大手企業の真似をすることで業績を伸ばすことができたのです。「みんなと同じ」が歓迎され、同じ車、同じ家電、同じファッションを買い求めることで、みんながしあわせになれたのです。

しかし現代はどうでしょうか。大手企業や先駆的企業でさえ、どのような商品やサービスを生み出せばいいのか、考えあぐねています。いわばビジネスのセオリーが通用しない時代です。

このような時代に、企業が持続成長していくために必要なのが「ダイバーシティ」の視点です。

ダイバーシティとは、多様性のこと。ダイバーシティには、国籍や人種、性別、年齢、身体的特徴、宗教、生活環境、生き方・価値観、性格・嗜好などが含まれます。画一的な組織からさまざまなバックグラウンドを持つ人材が活躍する組織に変貌することで、これまでになかった視点で新たな価値を生みだしたり、イノベーションを起こしたりすることが可能になります。

経済産業省経済産業政策局が公表しているダイバーシティに関する各種調査によると、「多様性を含む企業はそうでない企業と比べて、業種平均の業績よりも優れた業績を達成する確率が高い傾向が見られる」「ジェンダーの多様性および文化面の多様性を含む企業は、それぞれ7％と15％ほど高い確率で業種平均よりもすぐれた業績を達成する傾向が見られる」とされています。

マッキンゼーによる調査「Diversity Matters」によると、ジェンダーに偏りのない企業は15％、民族の多様性の高い企業は35％業績が向上しているという結果に。

２０１９年に内閣府が公表した年次経済財政報告（経済財政白書）にも「人材の多様化は生産性の向上につながる」と指摘があり、ダイバーシティと企業業績・生産性が深く関連していることは間違いないようです。

障害者を採用すること、障害者が活躍しやすいように働き方や組織体制、制度を見直していくことは、採用力や企業価値の向上のみならず、業績や利益向上にダイレクトに影響を与えるといえそうです。

（4）世界的な障害者インクルージョンの動き

海外では障害者インクルージョンの動きが活発化しています。

2019年1月に開催された世界経済フォーラム年次総会（ダボス会議）では、障害者が多様な価値を発揮できる社会の実現を目指す「The Valuable 500」の立ち上げが発表されました。経済や政治が主テーマとなるダボス会議において障害にフォーカスしたセッションが設けられたのは初めてのこと。500社の賛同を募っており、2020年のダボス会議では「The Valuable 500」に署名した企業名が発表されました。

世界の障害者人口は約10億人。障害者や家族、友人をあわせた市場は約8兆ドル規模といわれます。しかし障害者向けの製品やサービスを提供する企業は約4％に留まっており、ビジネスチャンスを秘めた市場としても注目が集まっています。

ビジネスリーダーたちが声をあげ、「障害に配慮した製品・サービスづくり」や「障害者を含めた組織づくり」を推進していこうとする動きは、これまでになかった大きな変化です。

障害者を雇用しない理由の第1位は「適切な仕事がない」

障害者雇用は、労働人口減少への対応策、働き方改革の推進施策、ダイバーシティの実現施策になりうることをお伝えしました。

本書を読んでくださっている方に、障害者雇用のメリットが少しでも伝わっていたら嬉しく思います。しかし、障害者雇用を重要な経営戦略だと位置づけ、本気で取り組んでいる日本企業は多くありません。障害者採用と一般採用を別モノだと捉え、「障害者採用は法定雇用率さえ達成していればいい」と考える経営者も多いです。

それでは日本企業が、障害者を積極的に雇用しない理由は何なのでしょうか。

厚生労働省が発表している平成30年度「障害者雇用実態調査結果」によると、障害者を雇用するにあたっての課題（表2）の第1位は「会社内に適切な仕事がない」でした。

第2位は「障害者を雇用するイメージやノウハウがない」。

第3位は、障害の種類により異なり、身体障害者では「職場の安全面の配慮が適切にできるか」、知的障害・発達障害者では「採用時に適性・能力を十分把握できるか」、精神障害者では「従業員が障害特性について理解することができるか」が挙げられました。

この回答結果を見たときに思ったのは、「障害者採用のイメージは昔と変わっていない」ということでした。

障害の種類を問わず、回答結果で最も多かった「会社内に適切な仕事がない」という問題は、実際に障害者を数多く受け入れている企業からは聞こえてこない課題です。むしろ「実際に雇ってみたら、いろいろできるので驚いた」「任せないほうがいいだろうと勝手に判断していた仕事も、任せてみたらできた」と話す企業が多いのです。

「営業募集に身体障害の方が応募してきたけれど、外まわりの仕事は大変ですよね」と心配されていた社長さんがいました。障害に対する配慮は必要ですが、外まわりが大変かどうかを決めるのは、企業ではなく、障害者自身です。仕事内容を詳細に伝えたうえで、その障害者が「できる」と判断したのであればチャレンジしてもらえばいいと思います。

表2　障害者を雇用するにあたっての課題（複数回答：4つまで）

厚生労働省「障害者雇用実態調査結果」（平成30年度）をもとに作成

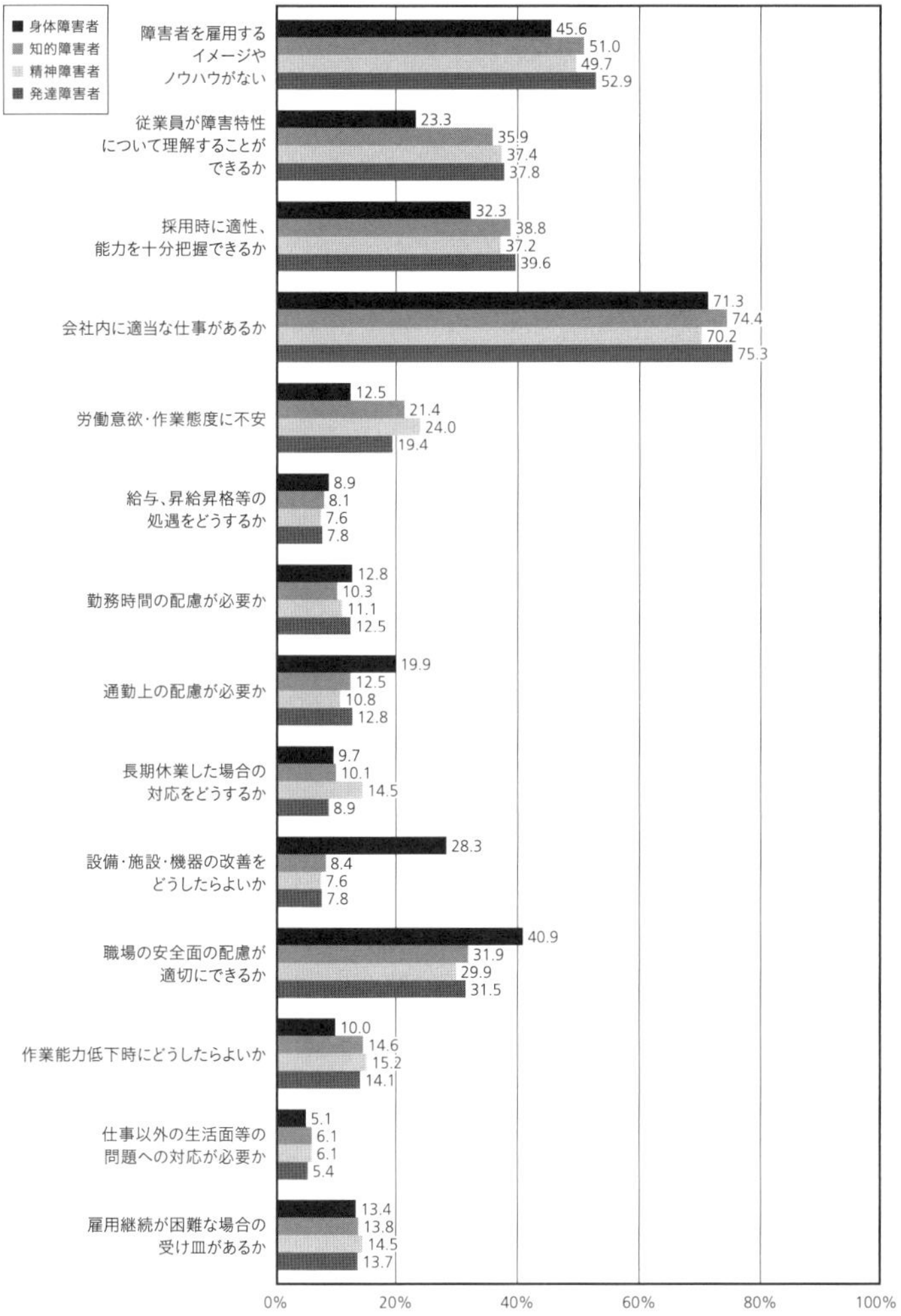

人一倍営業トークが優れているがゆえに、標準的な営業担当の半分の行動量で、健常者と同じ目標数字をクリアできる身体障害者がいるかもしれません。ＩＴやＡＩの力をかりて、「訪問せずに営業利益をあげる方法」を確立してくれる障害者もいるかもしれません。そうすれば、企業は従来のやり方を脱却し、より効率的な働き方を実現できます。

株式会社オリィ研究所が企画開発した、遠隔操作型分身ロボット「OriHime（オリヒメ）」をご存知でしょうか。手の平に乗せられるサイズで、全長は20cmほど。インターネットを通じて遠隔での操作が可能です。オリヒメロボットを適切な場所に置くことで、障害により通勤が困難な社員が会議に参加したり、障害者が家にいながら施設の受付を担当したりすることが可能になります。重度障害者がオリヒメロボットを遠隔操作し、カフェで接客に挑戦するという取り組みが話題になったこともありました。

障害者が障害を感じずに働くことを支援するテクノロジーも、どんどん進化しています。「障害者はこの仕事はできないだろう」とあきらめるのではなく、本人に意欲がある場合には、「どういう配慮があれば無理なくこの仕事ができるだろうか」とぜひ発想を転換して考えてみていただきたいと思います。

障害者の募集の仕方については第二章で詳しく説明しますが、人を雇ってから仕事を決める〝人ありきの採用〟ではなく、任せる仕事を決めてからその仕事ができる人を雇う〝仕事ありきの採用〟を行えば、「何の仕事を任せたらいいのかわからない」という事態にはなりません。

「障害者を雇用するイメージやノウハウがない」「採用時に適性・能力を十分把握できるかわからない」「従業員が障害特性について理解できるかわからない」という懸念についても、障害者を雇用してみないことには永遠にできるようにはなりません。

まずは、第一号社員を雇用してみることが大切です。障害者雇用を経営戦略と位置づけている企業が少ない今こそ好機。成功や失敗を積み重ねながら、ノウハウを蓄積していきましょう。

障害者採用には法定雇用率達成以上の価値がある

厚生労働省発表「障害者雇用状況の集計結果」によると、45.5人以上規模の民間企業に雇用されている障害者の数は「56万608.5人」（表3）。前年より4.8％増加し、16年連続で過去最高となりました。実雇用率は、8年連続で過去最高の2.11％、法定雇用率達成企業の割合は48.0％となっています。

障害によって差別されることなく働く場所を得られることは、万人に与えられた当然の権利であり、法定雇用率の達成は45.5人以上規模の企業が果たすべき義務です。しかしながら、達成率は48.0％と決して高いとはいえません。

法定雇用率を達成できない場合には、不足人数一人につき月額4万円以上の納付金を支払うことが制度で定められています。つまり半数以上の企業が障害者を採用するよりも、納付金を支払う選択をしていることになります。

表3　民間企業における障害者の雇用状況

厚生労働省発表「障害者雇用状況の集計結果」をもとに作成

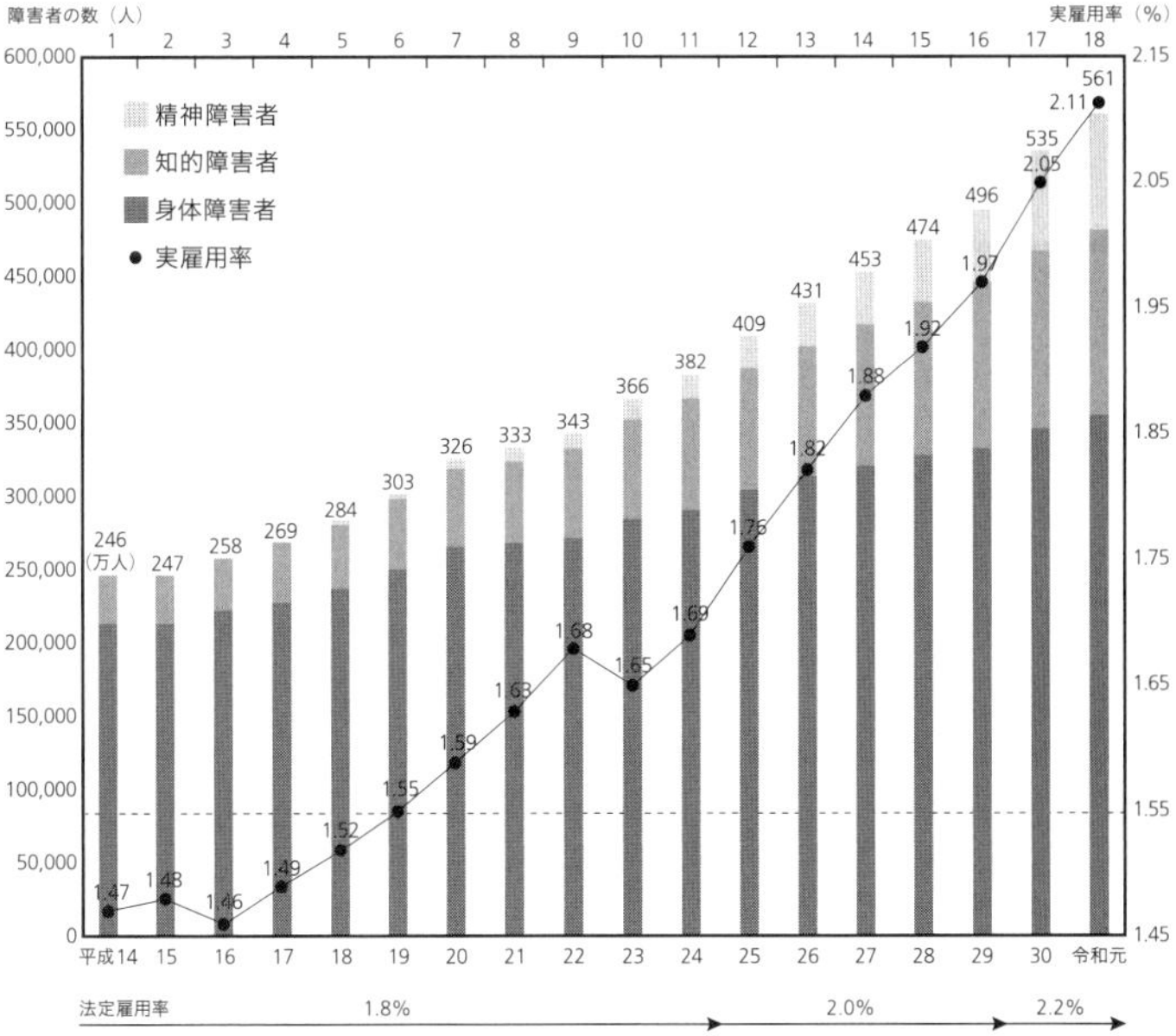

障害者雇用はCSR（企業の社会的責任）の観点からも重要です。法令を遵守している企業かどうか、人の権利や尊厳をどう捉えている企業なのか、社会的にも重視されています。グローバル化が進む現代では、日本企業も、2015年に国際連合で採択されたSDGs（持続可能な開発目標）を無視できません。SDGsでは、「誰一人取り残さない」という理想のもと、障害者にも焦点を当てた目標が設けられています。障害者雇用を持続可能なかたちで企業経営に組みこまなければ、世界の投資家から選ばれなくなる未来もそう遠くないでしょう。

しかし私は、これら「法定雇用率の達成」や「社会的責任を果たすべき」という意見に賛同しながら、もしもそれらの観点が当てはまらなかったとしても、企業が障害者雇用を行う価値はあると考えています。

法定雇用率の達成以上に、障害者雇用が会社や組織にもたらす価値が大きいからです。

障害者を雇用することで企業が得られるメリットについて改めて考えてみましょう。

まず一つ目に挙げられるのが、障害者ならではの特性が新たな価値の創造や製品・サービスの開発につながり、直接的な利益を生むことがあるという点です。

たとえば、あるタオルメーカーでは、品質管理担当にあえて視覚障害のある人材を配置しています。視覚障害がある方は、健常者よりも、触覚に敏感な方が多いからです。障害特性を活かして、タオルの肌触りを検品してもらうことで、数値化できない品質を担保しています。

ある経営者は、字を読むことができないダウン症の方を秘書として雇っています。会社の機密情報が外部にもれるリスクを最小限にしたいというのがその理由です。字が読めないということが、この会社では最大の強みになっています。

発達障害を持つ高学歴の20・30代を集めてＡＩの深層学習やプログラミング人材を育てている会社もあります。発達障害がある方のなかには、他者とのコミュニケーションが苦手な反面、高いＩＱを持つ方が少なくありません。発達障害の方に対象を絞ることで、これまで同社では採用できていなかった高学歴の優秀層の獲得に成功しているといいます。今では、採用難易度の高い健常者の採用をやめ、スピーディに技術習得できる発達障害者を積極採用しているそうです。

京セラがＫＤＤＩ総合研究所のアナリストと共同開発した、振動を使ってスマホでの会話を聞きやすくする「スマートソニックレシーバー」は、聴覚障害のあるアナリストのアイデアから生まれました。

障害者がユニバーサルデザインをふまえた商品やサービスを開発する事例は多く、全盲の男性がクラウド会計ソフトを提供するＩＴ企業にエンジニアとして入社したことで、誰もが使いやすく、簡単な操作で必要なページにたどりつけるようにアクセンシビリティを改善できたというケースもあります。

ほかにも下肢障害を持つ社員の意見を聞きながら、過ごしやすいオフィスレイアウトの動線を考えたり、使い心地のいいインテリア家具の設計をしたりしている会社もあります。一般的にはマイナスに捉えられがちな障害特性が、活かし方次第で、すばらしい強みとなって発揮されているのです。

障害者雇用が会社の業務改革や組織の風土改革に繋がるケースもあります。

障害のある方を雇用すると、これまでの〝あたりまえ〟を見直すことになります。働き方はこのままでいいか。業務プロセスは適切か。会社の制度は使いやすいか。どうコミュニケーションをとればスムーズに連携できるか。障害者を雇い入れようとする過程で、従来の業務プロセスや働き方、制度、カルチャーを一つひとつ点検していくことになるのです。

これまでの仕事のやり方には無駄が多かったことがわかるかもしれません。フレックスタイムやリモートワーク、在宅勤務といった新しい働き方にチャレンジできるかもしれません。コミュニケーションのとり方を工夫し情報共有がスムーズになるかもしれません。障害者雇用をきっかけに、社内の業務や風土を改善していくことは、障害者のみならず、全従業員にとって良いことのはずです。従業員の満足度向上や採用力アップという副産物も期待できます。

特別支援学校の学生が参加する職場体験実習を積極的に受け入れているメーカーでは、実習の時間が、自社社員の教育の場になっているといいます。

学生に仕事の手順をイチから説明したり、わかるまで丁寧にコミュニケーションをとったりすることで、お互いに成長できる場づくりができているようです。一人の作業が多かったり、若手がマネジメントを行う機会が少なかったりする企業では、人材育成の場としても活用できます。教えることで、「この仕事にはこんなおもしろさがあったのか」「うちの会社にはこんないいところがあったんだな」と会社や仕事の魅力を再発見する機会にもなりえます。

「障害者を雇用したことで組織風土が変わった！」と語る経営者は驚くほど多いです。「情報共有が活発になった」「マネジメント力があがった」「失敗を許容する風土になった」「会社の雰囲気が優しくなった」——などさまざまな声が寄せられています。ここに挙げたのは障害者を雇用するメリットのほんの一例です。

障害者雇用の利点を考えるとき、経営者をはじめとする管理職の方々に心に留めておいてほしいことがあります。それは、メリットは「全体成果で考える」ということです。

個人の直接的な利益や生産性だけに注目してしまうと、ときに障害者の仕事ぶりがもの足りなく感じてしまうかもしれません。健常者が一時間でできる仕事を、障害者に任せると二時間かかる。それならば「健常者だけの集団のほうがいい」という結論になりがちです。

パフォーマンスの一部分だけを見るのではなく、「障害者を雇用したことで会社や組織全体にどんな成果がもたらされるのか」に注目してみましょう。「これまで気になっていたけれど着手できていなかった作業を完遂できた」「管理職が本業に集中できるようになった」「仕事量ではなく仕事の質が高まった」「社員の士気が高まり、職場の雰囲気がやわらかくなった」など数字にはあらわれにくい部分の成果にも着目するようにしてみてください。

経営学者のピーター・ドラッカーは、「組織で働くいちばんの魅力は、一人ひとりの弱みをないものにできること」と語っています。

障害者も健常者も、できないことを数えればキリがありません。なんでもできるパーフェクトな人なんて存在しない。一人ひとりが異なる愛すべき特性や個性を持っています。できないことは補い合い、できることは率先して能力を発揮することで、全体成果をあげていけることが組織で働く魅力です。

〝こうすればうまくいく〟というビジネスのセオリーがない現代では年々、「チームの力」に注目が集まっています。多様で個性的なスタッフをマネジメントし、ビジネスの海原を航海していく手腕が経営者には求められています。

障害者採用をきっかけにダイバーシティを体現する最高のチームをつくることだって可能なのです。

「数合わせ」の採用ではうまくいかない

障害者採用がうまくいかない典型的な例があります。

そう言うと、障害者を邪魔もの扱いし、劣悪な仕事環境で働かせる会社を想像される方が多いでしょう。

そのような環境下では障害者が定着できないのは当然なのですが、一方で、まるで腫れ物に触るように扱ってしまい、遠慮や配慮をしすぎたために障害者が去ってしまうケースがあるのです。

障害者をはじめて雇うとき、「もしもケガをしたり、病気が進行してしまったりしたらどうしよう」「問題を起こされたら困るなあ」「なるべく無理をさせないようにしよう」と心配する経営者や人事担当者は多いです。

「あなたは会社に来て座っているだけでいいから」と、健常者の社員にはしないような特別扱いをしてしまうこともあります。私自身も、以前勤めていた会社の人事担当役員に「君は税金対策で雇っている。お願いだから辞めないで」と声をかけられた過去があります。ここまでの言動はレアケースかもしれませんが、口に出さないまでも、同様の考え方をしている人は一定数いるのかもしれません。

もちろん、障害が理由で会社に来ることがままならず、「まずは継続して出社することを目標にしよう」というケースはあります。勤務時間を調整したり、休暇制度を活用したりすることもあるでしょう。

障害特性を見極めたうえでの配慮であれば問題ないのですが、障害の内容にかかわらず、

「とりあえずいてくれるだけでいい」と十分な仕事を与えなかったり、「無理しないでほしいから」と能力開発の機会を奪ったりするのは決していいやり方ではありません。

少し想像してみてください。もしもあなたが、毎日出社し、デスクでぼんやりと座るだけの日々だったとしたら。期待されず、求められず、ただいることだけに価値があるとされたら。

そんな毎日を30年40年続けられるでしょうか。毎日通うことが苦痛になるのではないでしょうか。

「給料を払っているのだから、問題ないでしょう。むしろありがたく思ってほしい」と考える方がいるかもしれませんが、仕事にやりがいや働きがいが必要であることは、健常者も障害者も同じです。

自身の仕事が会社でどう役に立っているのかがわかれば、人はいきいきと働きます。反対に、まったく期待されず喜ばれないのであれば、人はやる気をなくし、結局は辞めてしまいます。

障害者の就労を支援する就労支援事業所を見学したときに印象的だったのは、知的障害のある方が、障害者をまとめるリーダーとしてテキパキと活躍されていた姿です。

知的障害のある方にも、「重要なポストを任されたい」人もいれば、「人をまとめるのが苦手な」人もいます。健常者と同じように、どちらのタイプも存在しているのです。

知的障害者に対して「人をマネジメントする仕事はできないだろう」と判断したり、「プレッシャーを感じるのではないか」と心配したりするのは早計です。障害があっても、リーダーを任されることが嬉しく、ポストを委ねたことをきっかけに、さらに張り切って仕事をしてくれるようになる人はいます。

「人の役に立ちたい」「成長したい」「社会のなかで必要とされたい」というのは誰しもが持っている感情です。特性に合った仕事を任せ、徐々に仕事のレベルをアップさせること、貢献や成長の対価として給与やポストをあげていくことは障害者採用においても重要です。

法定雇用率の達成を障害者雇用のゴールにしてしまうのはもう古い。時代に合いません。数合わせの採用では、結局人は辞めてしまいます。

障害者を採用して終わりではなく、一人ひとりが定着し、活躍できるように支援していく。「この会社で働いてよかった」「この人を採用してよかった」とお互いに思い合えるのがいちばんいい関係です。

オフィスに障害者用の席があればいい、ただ仕事を与えておけばいいというのではなく、「その人材の適性に合った仕事や環境でいきいきと働けているか」に注目するようにしましょう。

障害者を「法定雇用率達成のための手段」としてのみ捉える企業と、障害者を「仕事で会社に貢献してくれる存在」として捉える企業。今後さらに障害者雇用の取り組みが広まっていくにつれ、この二極化が進むような気がしています。

うまくいかない会社は採用数にこだわり、その結果、法定雇用数でさえ確保できません。うまくいく会社は障害者の定着や活躍支援のノウハウを蓄積し、業績を伸ばしていくでしょう。それは、「多様なチームづくり」に失敗する企業になるか、成功する企業になるかの分かれ道とも言い換えられるかもしれません。

前述したとおり、ダイバーシティが業績向上や生産性向上に寄与することは、さまざまな研究結果で示されています。そもそも、障害者を採用するという変化すら受け入れられない企業は、変化の激しいビジネス環境下で、生き残れないでしょう。

法定雇用率達成という目先の数字にとらわれない。

多様な価値観を持つ人材が活躍できる、社員一人ひとりが独自性の高い能力を発揮できる組織づくりを目指しましょう。

障害者採用は経営戦略である

本書を読んだ企業経営者にまずやっていただきたいことは、障害者雇用の意思決定をすることだとお伝えしました。法定雇用率を達成するためではなく、障害者の持つ能力を自社の事業に最大限活用するような、会社と障害者の双方にメリットがある採用を目指していただきたいと願っています。

▼障害者を雇用する。
▼業務フローや会社制度、働き方などを見直すきっかけが生まれる。
▼新製品の開発や働き方改革、ダイバーシティの推進に繋がる。
▼業績アップや生産性向上、風土改革といった結果が出始める。
▼生じた利益を社員に還元。給与やポスト、やりがいのある仕事が増えていく。
▼会社の魅力が増し、障害者を含めた採用活動がしやすくなる。
▼障害者を増員する。

これはあくまで一例ですが、こんなふうに障害者雇用をきっかけとしたグッドスパイラルを描けたら、企業と従業員、障害者がwin-win-winの関係になれるのではないでしょうか。障害者雇用を経営戦略と位置づけることで、このような変化や改革を意図的に仕掛けることができます。なにか一つでも目的を持って取り組んでみてください。

障害者を雇用する意思決定をしたら、次にやるべきは、会社の役員や管理職に「障害者雇用の意義」を粘り強く伝えることです。役員や管理職が、その必要性を心から感じ、一枚岩になって、自らの管轄部署でも主体的に取り組んでいこうと思える状態をつくることが大切です。

「〝障害者を雇う＝会社がお荷物を抱える〟わけではない。お互いにとってメリットがあるから、うちの会社は障害者を雇用するんだ」というメッセージを発信しましょう。

場合によっては、役員と話し合いを重ねる必要があるかもしれません。課題や懸念、不安を感じているようなら、本音を洗いざらい話してもらったほうがいいでしょう。正直に腹を割って話し合うなかで、その会社ならではの戦略や方向性、取り組み方が見えてくるはずです。

役員や管理職から始め、ゆくゆくは全従業員にその意図が伝わるように丁寧にコミュニケーションを重ねていく必要があります。

障害者を雇用することを「大変だ」と感じる人はいても、「するべきではない」「悪いことだ」と思う人は少ないはず。私が、企業経営者に障害者雇用の必要性を伝えると、「ぜひ当社でもやってみよう」という気持ちを持ってくださる方が、実は多いのです。

ただ、経営者がそう決めれば、すべてうまくいくというわけではありません。いくら経営者が、障害者雇用の重要性を感じていても、役員や管理職、現場のマネージャー、従業員が同じ気持ちになるとは限らないからです。

特にプレイングマネージャーが多い日本企業では、現場のマネージャーがボトルネックになるケースは少なくありません。

多くのマネージャーが大きな目標数字を背負いながら、実に忙しい毎日を送っています。自身の顧客を持ちながら、部下の面倒を見る。部署やチーム全体の目標を管理しながら、個別案件にも対処する日々。正直、新しい変化を歓迎する余裕なんてないというのが現状ではないでしょうか。

経営者が、「経営戦略の一環として障害者雇用に取り組もう」と決めていても、配属部署のマネージャーは「面倒くさいことになった」くらいにしか思っていません。もしくは、忙しいなかで障害者雇用への対応を迫られ、マネージャー自身が疲弊してしまうケースもあります。経営者は、その温度差を知っておくべきです。

経営者自ら、「現場はどのように受けとめているか」「採用後、どのような課題が生まれているか」など現場の状況を知ろうとすることがなにより大切です。経営者から役員、人事責任者まで繋いだバトンが、現場で落ちてしまっていないか。なにか困っている事態になっていないか。定期的に確認し、ときには経営者自ら課題解決に向けて動く必要があります。

障害者雇用の大号令を出すだけで終わらないことが肝心です。

担当役員や人事責任者、配属先のマネージャー、現場の教育担当……誰か一人だけに負担がのしかかる組織では障害者雇用のグッドスパイラルは生まれません。新製品の開発状況を逐一確認するように、中核事業の業績推移に目を配るように、障害者採用を会社の重要な新規プロジェクトだと捉え、向き合っていきましょう。

現場に目くばり心くばりをすることが、最終的には、経営戦略としての障害者採用を実現する近道になります。

会社が変われば、社会が変わる

神奈川県綾瀬市に本社を構え、自動車やショベルカーなどの部品を製造するメーカーである株式会社栄和産業。約160名の従業員に対して働く障害者は10名超。法定雇用率を達成してもなお、毎年コンスタントに障害者の新規雇用を続けています。

同社が近隣の特別支援学校の要請を受け、知的障害のある学生の実習受け入れをはじめて行ったのは2014年の秋。当初は「知的障害者に工場での技術作業は無理なのでは？」「ケガをしたら大変だ」と考えていた伊藤社長でしたが、特別支援学校生の実習を受け入れる企業自体が少ないという社会課題を知り、「採用するかどうかはわからないが、職場がどんなところか体験してもらういい機会になれば」と、実習生を迎えることにします。

第一号の実習生に会い、社長はいい意味で予想を裏切られます。

「なんだ、健常者の新卒者と何も変わらないじゃないか！」

丁寧に指導すれば、きちんと覚え、コミュニケーションや実作業も何ら問題がなかったのです。この体験を機に、栄和産業では毎年数多くの実習生を受け入れ、就職希望者に門戸をひらくようになりました。

2016年には中度の障害者を正社員として採用。溶接や仕上げ作業を任せ、最近では彼らが新入社員に仕事のコツを教えています。

2017年には重度の障害者をはじめてパート採用。荷札をホチキスで止める作業が増加し、事務職員の残業が増えていたため、面接で「ホチキス止めはできますか？」と尋ねました。

彼は、右手がうまく動かせない障害を持ちながらも自宅で猛特訓。なんと1日800発ものホチキス止めができるように練習して職場実習にやってきたのです。その真摯な姿勢と働きたい意欲に、伊藤社長は胸を打たれたといいます。採用から2年経った今、彼は業務の幅を広げながら1日5時間勤務を続けています。

栄和産業の伊藤社長はこう語ります。

「障害者を採用してわかったのは、障害を持つ人も、持たない人も、何も変わりがないということです。障害者のなかにはうまく喋れなかったり、注意力が散漫だったりする人もいます。でも、苦手なことがあるのは健常者も同じですよね。障害者のなかにはまったく障害を感じさせない人もいますし、健常者のなかにも〝この子は辞めそうだなあ、心配だなあ〟という人もいます。

栄和産業の場合、障害者のほうが健常者よりも定着率がいいくらいです。私たちにとって、障害の有無は、右利きか左利きか、血液型がA型かB型かくらいの違いでしかありません。

特別支援学校の生徒は『実習に来る前は緊張して眠れなかった』『できるか不安だった』と口をそろえます。生徒のなかには、一人で電車に乗ったことがない子や、自動販売機でジュースを買ったことがない子もいる。社会経験や新しいことに挑戦をして成功した経験が少ないから、みんな自己肯定感が低いんです。

それが当社に実習に来て、緊張しながらも〝できた！〟〝役に立てた！〟という経験を繰り返すと、どんどん自信が出てくる。実習を終えて晴々とした表情で学校に戻っていく姿を見ると、こちらも嬉しくなります。障害者を雇用し立派な納税者に育てていくことが、私に与えられたミッションだと思うようになりました。

ちなみに最近、長く勤めてくれているメンバーの一人で、知的障害のある男性の結婚が決まりました。正社員として雇用され、安定した収入を得て結婚し、自らの家庭を築いていく。プロポーズが成功したという報告を受けて、感動しました」

伊藤社長が感じた「障害者も健常者も実は変わらない」という発見はとても大切な視点です。

ダイバーシティを実現できている企業ほど、障害者と健常者を区別していません。

栄和産業の若手社員に話を聞いたときも、「正直、誰が障害を持っていて、誰が障害を持っていないのかわかりません。うちの会社では外国人のスタッフもたくさん働いていますが、誰がどの国籍なのかも知りません。この人と仕事をするときは、こういうコミュニケーションの取り方のほうがいいかなと、一人ひとりに合わせて対応することはありますが、障害名や国籍で判断することはありません」と話していました。

私がドイツに旅行をしたとき、街のいたるところで障害者の姿を見かけました。レストランで食事を楽しむ車いすの方、電車のなかで手話で会話をしている人たち……そこには「障害者が日常にいる生活があたりまえ」という空気が流れていました。

一方、海外では車椅子で過ごすことに何の疑問も感じない友人が、「日本に帰ってくると、じろじろ見られることが多く、気が滅入ってしまう」と話していたことがあります。日本では幼いころから障害者と健常者がわけられ、普通学校の支援クラスや専門の特別支援学校等で過ごす障害者が多いこともあり、健常者が障害者と触れ合う機会が少ないのではないかというのが私の印象です。

もっともっと日本の企業で、障害者雇用が促進され、隣りの席で障害者が働いていることが日常の光景になったら——障害者に対する誤解や偏見もなくなるのではないかと感じます。

「会社」というのは、反転すると、「社会」になります。

会社がよくなっていけば、社会もよくなっていくはずです。

会社で障害者と過ごすことがあたりまえになれば、社会でも障害者の存在があたりまえになる。会社が一人ひとりの個性を思う存分活かせる場所になれば、誰もが能力を発揮できる寛容な日本社会になる。そう思わずにはいられません。

あなたの会社の取り組みが、よりよい社会づくりの一歩になります。

ぜひ志高く、障害者雇用に取り組んでいただきたいと思います。

第2章

募集・選考・定着支援の秘訣

障害をタブー視しない人事が会社を変える

障害名だけでは判断できない

第二章では、はじめて障害者採用を行う人事担当者に向けて、募集や選考において気をつけたほうがいいポイントや定着支援の秘訣についてお伝えします。

まず知っておきたいのが「障害の種類」についてです。主な障害は「身体障害」「知的障害」「精神障害」「発達障害」に大きく分かれます。

(1)身体障害について

身体障害には視覚障害、聴覚言語障害、肢体不自由、内部障害、重複障害などが含まれます。身体障害者程度等級表の1級・2級は「重度」に相当します。3級の障害を2つ以上重複している方も「重度」にあたります。

特徴的なのは、「物理的に障害となること」をとりのぞけば、健常者とそう変わりなく働けるという点です。「車いすで利用できる多目的トイレがある」「高さを調整できる机が用意されている」「オフィスビル内にエレベーターがある」「パソコンに視覚障害者を支援する音声ガイダンスソフトが導入されている」など、それぞれの障害にあわせた合理的配慮が求められますが、何を配慮すればいいのかがわかりやすいという観点では、雇用しやすいともいえます。

厚生労働省が発表した平成30年「障害者雇用実態調査結果」によると、平成30年6月時点で雇用されている身体障害者数は推計42万3000人。他の障害に比べて最も多い人数となっています。1976年から法定雇用の対象となっていて身体障害者を雇用するノウハウが蓄積されていることもあり、身体障害者を採用したい企業は増えています。障害を持っていることが伝わりやすいため、会社の人事や広報など、企業の宣伝活動の役割を担うケースも多いようです。

企業に雇用されている身体障害者の障害程度を見てみると、重度（1級・2級）が全体の40.4%、中度（3級・4級）が33.6%、軽度（5級・6級）が16.2%となっており、法定雇用率のカウント数が高い重度障害者が最も雇用されている結果に。職業別にみると、事務的職業が32.7％と最も多く、次いで生産工程の職業が20.4％、専門的・技術的職業が13.4％、サービスの職業が10.3％、販売の職業が9.6％となっています。

（2）知的障害について

児童相談所や知的障害者更生相談所、精神保健福祉センター、精神保健指定医または障害者職業センターによって知的障害があると判定された人を指します。障害の程度は「重度」と「重度以外」にわかれます。

平成30年6月時点で、雇用されている知的障害者数は推計18万9000人。職業別にみると、生産工程の職業が37.8％と最も高く、次いでサービスの職業が22.4％、運輸・清掃・包装等の職業が16.3％、販売の職業が12.2％となっています。

知的障害のある方は一般的に、「同じ作業の繰り返し」が得意だといわれています。マニュアルがあり、手順をわかりやすく伝えられれば、健常者以上の能力を発揮することも。

健常者であれば飽きがきたり、やり方を変更したりしてしまうような場面でも、単純作業を繰り返し行うことができるからです。

一方、急な変更や臨機応変さが求められる仕事、同時に複数のタスクを動かすような仕事は苦手な方が多いです。担当上司が休みの日に、別のスタッフがいつもとは違うやり方で指導し、知的障害者が混乱してしまったというようなことも起こりえます。繰り返しが得意なため、一度慣れてしまえば勤怠が安定しやすい傾向もあります。

(3)精神障害について

精神障害とは、精神疾患のため精神機能の障害が生じ、日常生活や社会参加に困難をきたしている状態のこと。統合失調症、そううつ病、てんかんなどが該当します。適切な薬を服用することで症状がコントロールできることもあります。

精神障害者であることの確認方法としては、精神障害者保険福祉手帳によって確認する方法と医師の診断により確認する方法があり、障害の程度により等級が1~3級にわかれています。

平成30年6月時点で雇用されている精神障害者数は推計20万人。職業別にみると、サービスの職業が30.6%と最も多く、次いで事務的職業が25.0%、販売の職業が19.2%、生産工程の職業が12.0%となっています。

平成30年4月から障害者雇用義務の対象に精神障害者が加わりました。民間企業で精神障害者を雇おうとする動きは、今後活発化していくと思われます。しかし現時点では、精神障害者の定着・活躍を支援するノウハウを持ち合わせている企業は少ないです。障害の中身が見えにくいこともあり、雇用の難しさを感じている企業も多いと聞きます。

一概にはいえませんが、精神障害の特徴の一つに、勤怠が安定しない点があります。週5日出社をするだけでも大きな負担を感じています。時間管理が厳しい仕事やプレッシャーのかかる仕事が苦手です。

重要だけれども緊急ではない仕事を任せる、3〜4人でチームを組み、誰かが休んでも困らない体制をつくるなど会社側が環境を整備していく必要があります。

精神障害者のなかには、高度な技術力を持つ方や、大手企業でバリバリと働いていた方など、申し分ないスキルや能力を持ち合わせている方が少なくありません。どのような環境を用意すれば、彼ら彼女らが持つ経験やスキル、能力を継続的に発揮してもらえるのか、模索していくことが大切です。

ちなみに、私の名刺デザインやホームページのサーバ管理を手がけてくださっているのは精神障害のある方です。ウェブやデザインの豊富な知識でサポートしてくださるので、とても助かっています。

(4)発達障害について

発達障害の定義は、発達障害者支援法において「自閉症、アスペルガー症候群その他の広汎性発達障害、学習障害、注意欠陥多動性障害、その他これに類する脳機能障害であってその症状が通常低年齢において発現するもの」とされています。

発達障害者であることの確認方法としては、精神障害者保険福祉手帳によって確認する方法と精神科医の診断により確認する方法があります。障害の程度により等級が1~3級にわかれています。

平成30年6月時点で雇用されている発達障害者数は推計3万9000人。職業別にみると、販売の職業が39.1％と最も多く、次いで事務的職業が29.2％、専門的・技術的職業が12.0％、サービスの職業が10.5％となっています。

発達障害には、知的な遅れがある場合と知的な遅れのない場合の両方が含まれます。「発達障害は能力が欠如しているから、ずっと発達しない」と思っている方もいますが、それは誤解です。年齢とともに成長していく部分があり、必ずしも不変的な障害とはいいきれません。

身体障害、知的障害、精神障害と比較し、雇用されている障害者数は最も少なく、採用や定着、活躍支援のノウハウが蓄積されているとは言い難い現状があります。

ここまでそれぞれの障害が持つ一般的な特性や雇用環境についてお伝えしてきました。しかし、最も重要で、強調しておきたいのは、「まったく同じ障害を抱えている人は誰一人としていない」ということです。

一人ひとり障害の中身や程度は異なりますし、まったく同じ障害名だったとしても、できる仕事の種類や量は違います。同じ人であっても、季節や時期が変われば体調も変化します。私のように年齢を重ねて等級が軽くなった人もいれば、年々障害が重くなる人もいます。

「身体障害者だからこういう配慮が必要だ」「知的障害者だからこういう仕事が向いている」と決めつけるのは非常に危険です。障害の種類や等級の情報はあくまで予備知識として持っておき、面接や選考では丁寧に一人ひとりと向き合うようにしましょう。

ちなみに、あなたは「障害者手帳」を見たことがあるでしょうか。

障害者手帳は、障害者にとっての免許証のようなもの。あくまで障害を持っていることを証明するためのものですから、手帳に書かれているのは実にシンプルで、病名と等級のみです。詳しい障害の内容や、その方が持っている特性、必要とする配慮については一切書かれていません。

私の手帳には、「脳原両上肢機能障害（4級）」と記載されていますが、この文字を見ただけでは、どんな仕事を任せられるのか、まったくわからないのではないでしょうか。選考時に障害者手帳をみても、障害者であることが証明されるだけで、何の判断材料にもならないのです。

「あとから障害者手帳を確認すればいいや……」というスタンスはNG。障害の内容について丁寧にヒアリングするようにしましょう。

人ありきの採用から仕事ありきの採用へ

初めて障害者雇用に取り組む企業から「何から始めればいいですか？」と質問を受けることがあります。そんなときは、「まずは障害者に任せたい仕事内容を決めてください」と答えるようにしています。

あくまで一例ではありますが、障害者雇用は次のように段階的に進めることができます。

▶障害者を雇用することを決める。
▶任せたい仕事内容や配属部署を決定する。
▶勤務時間や給与など労働条件を決定する。
▶採用活動を行う（募集～選考～内定・入社）。
▶職場に定着し、活躍してもらうための支援を行う。

「うちの部署には障害者に任せられる仕事がない」「障害者が働いているイメージがわかない」という声は、非常に多くの企業から寄せられます。

なぜ、多くの企業でそのような不安の声が生まれているのでしょうか。

私は、企業側が無意識のうちに、「どんな障害も、等しくすべて受け入れなければならない」と思い込んでいるからではないかと感じています。もちろん障害を理由にした差別は禁止されていますが、企業の業種や組織規模、成長フェーズによって、採用したい方が異なるのは当然のことです。

任せたい仕事があるから人を募集する。このスタンスは、一般採用も障害者採用も変わりがありません。

「こういう仕事は障害者には向かないだろう」「障害者にとって、この職務は大変だろう」と決めつけずに、まずは、社内にある求人を洗いだしてみることです。

ある企業の人事担当者は各部署をまわりながら、「人手が足りず、求人を出したい職種はありませんか？」「このタスクを誰かが代わりにやってくれたら助かる業務はありませんか？」「やりたくても緊急性が低く、着手できていない仕事はありませんか？」と聞いてまわるそうです。

「障害者に任せられる仕事はありませんか？」と聞くと答えに窮する現場担当者も、こんなふうに質問をしていくと「それならあの仕事を募集してみようかな」と話してくれるそうです。

ピックアップされた業務やタスクのなかから優先順位をつけ、募集活動を行っていきます。これまで一人で担っていた仕事を細かくわけて新たな仕事をつくってもいいですし、一般採用で出稿していた求人広告を、そのまま障害者求人として掲載してみてもいいでしょう。

一般求人に対して障害者が応募してくることは稀です。偶然、障害者が一般求人を見たとしても、健常者向けだと判断し応募を躊躇するでしょう。同じ内容でも障害者向けの求人であることを明示して募集をかけてみてください。

障害者向けの仕事を決める際には、できるだけ業務内容を「具体的」にします。

「一般事務を募集します」「システムエンジニアの標準的な仕事をお任せします」というような抽象度では、障害者は自分にできる仕事なのか、判断できません。職務内容を具体的にすればするほど、その仕事ができる、あるいはその仕事が得意な方からの応募を集められます。

求人票の書き方も同様です。次頁に、仕事内容の書き方が「曖昧な例」と「具体的な例」を挙げてみましたので、2つを比較してみてください。

求人票の仕事内容欄　記載例

×
一般事務
・各種事務作業をお任せします

○
一般事務
・請求書の金額チェック
・Excelへのデータ入力
・宅急便の受け取り、仕分け（週1回程度）
※電話対応はありません

任せたい仕事内容を詳細に記載すると、その仕事を行える方が応募してくれます。この例でいうと「請求書を読める方」「パソコンへの入力操作ができる方」「宅急便の受け取りができる方」からの応募が集まるはずです。障害によりパソコン操作ができない方は、「Excelへのデータ入力」と書かれた求人には応募しないでしょうし、体力的に相当な不安がある方は、宅急便の受け取りがある仕事を敬遠するかもしれません。反対に、電話対応に負担を感じる方は、「電話対応がない事務職」という仕事に魅力を感じるでしょう。

求人票に書かれた仕事ができるかどうかを判断するのは、企業ではなく障害者自身です。人と接する業務が得意な方もいれば、一人でコツコツと仕事に取り組むのが得意な方もいます。オフィスワークが好きな人もいれば、外回りがしたい人もいます。裁量の大きさをプレッシャーに感じる人もいれば、やりがいに感じる人もいます。

企業側が決めつけず、募集の段階で、応募者に検討してもらうことが大切なのです。そのために検討材料となる情報は出し惜しみせず、すべて公開するようにしましょう。

仕事内容だけではなく、働く環境についても同様です。「オフィスは2階ですがエレベーターはありません」「多目的トイレがあります」「画面読み上げソフトを導入しています」など働く環境に関する情報もできるだけ詳しく伝えるようにします。入社前に、仕事内容や働く環境について詳細に伝えておけば、入社後、お互いにとっての「こんなはずではなかった」を減らすことができます。

日本の障害者雇用では、「人を雇ってから任せる仕事を考える」のが一般的でした。どんな仕事ができるのか、どんな働き方を望んでいるのかがわからないから、とりあえず幅広く募集しておこうというスタンスです。しかし、この手法のハードルは実は高い。障害者雇用に慣れている企業やさまざまな部署がある大手企業であればまだいいのですが、初めて障害者雇用に取り組む中小企業の場合、結局誰を雇えばいいのかわからなくなったり、採用活動に余計な手間が生じたり、入社後の定着に繋がらなかったりします。

障害者採用を拡大していくうえで、「第一号社員」の存在はとても重要ですから、やはりここは慎重に進めたいところです。

仕事内容や募集要項を詳細に記して、その求人に合った人材を集めることから始めてみましょう。もしも、応募が少なかったり、希望する人材の採用ができなかったりしたら、その時点で、再度仕事内容や募集要項を見直します。

〝人ありき〟の採用から〝仕事ありきの採用〟へ。まずは考え方をシフトしてみましょう。

合理的配慮はどこまで必要?

2016年4月に施行された「障害者差別解消法（障害を理由とする差別の解消の推進に関

する法律）」では、障害者であることを理由に障害者を排除することや、賃金・配置・昇進・教育訓練等において障害者に対してのみ不利な条件とすることを禁止しています。

この法律では、「障害者の差別の禁止」に加えて、事業者は最大限「合理的配慮」をするように義務づけています。

合理的配慮とは一体どのようなものを指すのでしょうか。

「障害者の権利に関する条約」第2条では次のように定義されています。

「障害者が他の者との平等を基礎として全ての人権及び基本的自由を享有し、又は行使することを確保するための必要かつ適当な変更及び調整であって、特定の場合において必要とされるものである」

少し難しい文言ですが、障害者が感じている〝生活のしづらさ〟や〝生きづらさ〟を取りのぞくために、それぞれの障害特性や困りごとに合わせて配慮をしようというのが主旨です。

「合理的配慮」の事例

・視覚障害者に対して、募集内容について音声で提供する。
・聴覚・言語障害者に対して、筆談で面接を行う。
・肢体不自由の方に対して、高さを調整できる机を用意する。
・口頭での指示を理解するのが難しい方に対して、メールや文書で指示を伝える。
・疲労や緊張が大きい方に対して、こまめな休憩を与える。
・大きな音が苦手な方に対して、イヤーマフの使用を許可する。

平成30年度「障害者雇用実態調査結果」によると、障害者を雇用している企業は表4にあるような配慮をしているようです。

障害の種類により異なりますが、「短時間勤務等勤務時間の配慮」「休暇を取得しやすくする、勤務中の休暇を認める等休養への配慮」「配置転換等人事管理面についての配慮」「通院・服薬管理等雇用管理上の配慮」「業務実施方法についてのわかりやすい指示」「能力が発揮できる仕事への配置」は比較的多くの企業で実施されています。

表4　障害者に対して現在配慮している事項（複数回答）

厚生労働省「障害者雇用実態調査結果」（平成30年度）をもとに作成

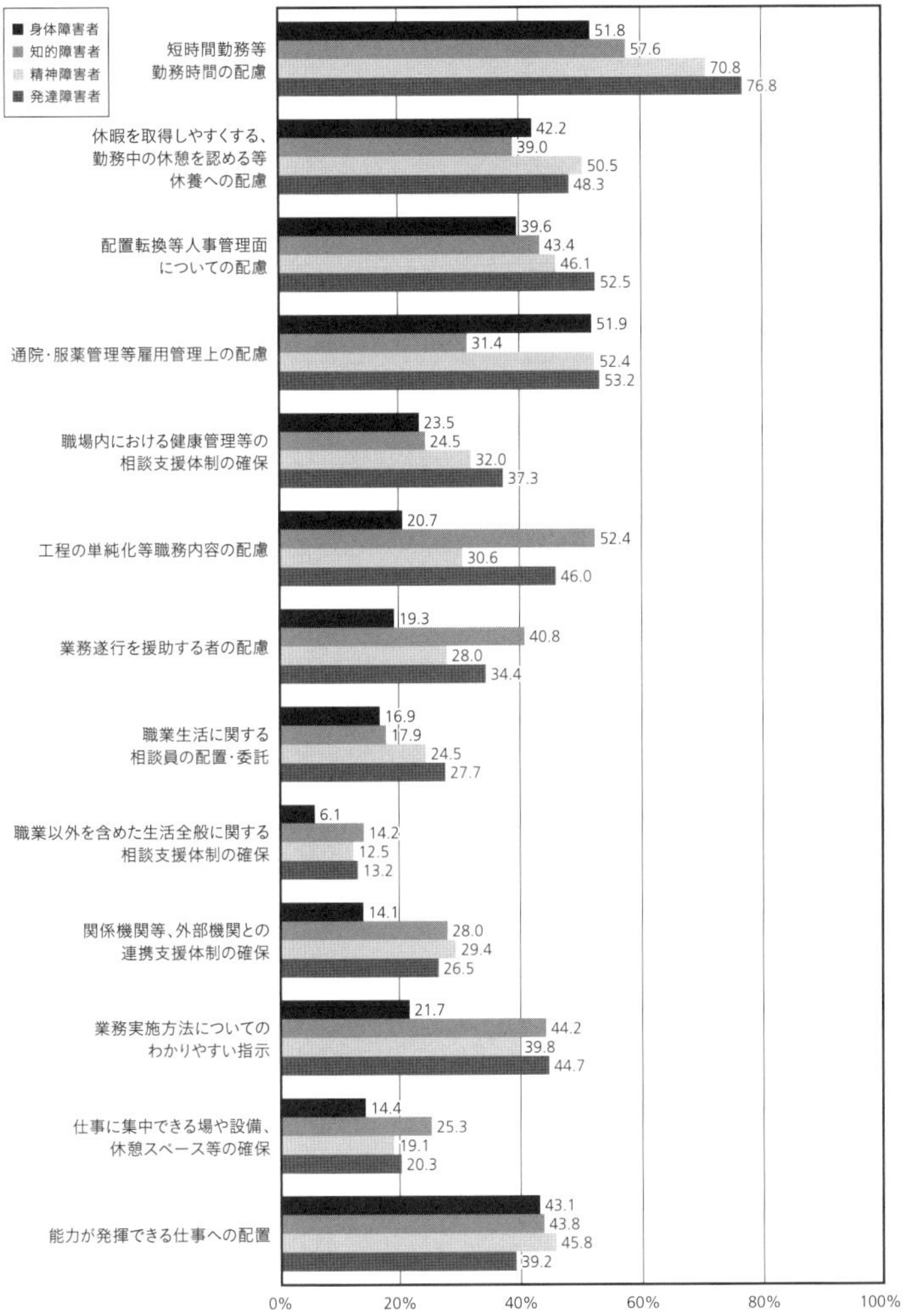

合理的配慮について誤解しないでいただきたいのは、障害者が求める合理的配慮をすべて受け入れなければならないわけではないという点です。

企業側としても「できる配慮」と「できない配慮」があります。エレベーターがないオフィスビルにエレベーターを新設することはできません。

合理的配慮の指針にも、「合理的配慮の提供の義務は、事業主に対して『過重な負担』を及ぼすこととなる場合を除く」と書かれています。

過重な負担にあたるか否かは、事業活動への影響の程度や実現困難度、費用負担の程度、企業の規模・財務状況、公的支援の有無の要素を総合的に勘案。過重な負担にあたる場合には、その理由を障害者に説明することが望ましいとされています。なお、合理的配慮をしないことに対する罰則はありません。

障害者を雇用する企業がすべきなのは、「配慮できること」と「配慮できないこと」の線引きをできるだけ明確にし、募集段階からその内容を公開することです。

面接では、障害者がどんな配慮を必要としているのかを丁寧にヒアリングします。合理的配慮は、人材の定着や活躍に大きな影響を与えますから、遠慮なく要望してもらうことが大切です。

稀に合理的配慮を、障害者の「甘え」や「特別扱い」のように捉える方もいますが、それはまったく違います。合理的配慮は障害者が働くうえでの命綱。その配慮がなければ仕事ができない、働き続けられないのです。入社前に「できる」と聞いていた配慮が、入社後は「できない」「なかった」となれば、障害者は早期離職せざるをえなくなってしまいます。

では次に「募集活動時」「面接時」にわけて、必要な合理的配慮についてもう少し詳しく考えてみましょう。

募集活動時に必要な合理的配慮

募集活動時には、求人票や採用サイトなどに「入社後に配慮が必要な事項がありましたら、事前にお知らせください」と書いておきます。

具体的な内容については面接で丁寧にヒアリングしていきますが、障害者のなかには、そもそも面接に来ること自体が大変な方もいます。働くうえで必須となる合理的配慮が応募先企業で対応可能かどうか、面接前に確かめることができれば親切です。

応募書類やエントリーシートに、求める配慮について記載してあるケースが多々あります。記載を見逃さないように隅々までしっかりと確認するようにしましょう。

そのほか「オフィスビル内もしくは最寄り駅にエレベーターがありません」「スロープのない階段があります」「点字表示がありません」「多目的トイレがありません」「インターフォンで面接担当者を呼びだす必要があります」など障害者の負担になりそうな事項は、求人票や面接について知らせるメールなどで事前に伝えておくようにします。

実際、私が採用を担当したときも、「オフィスの入口に段差があるようですが、電動車いすで登れますか」と質問されたことがあります。オフィス内だけではなく最寄り駅から会社までのルート情報があるとさらに安心です。

面接で確認する合理的配慮

応募者がどのような配慮を求めているかを確認することは、入社後の定着・活躍に大きな影響を与えます。近年では、特別支援学校や就労支援事業所等での指導もあり、面接時に自身の障害特性や求める配慮をまとめた資料を持参されるケースも増えているようです。

一方で「ハッキリと伝えてしまうと不合格になるのではないか」と懸念し、必要な配慮を求めない方もいます。

面接は、応募人材を雇うかどうかを見極めるだけではなく、お互いの相性を確かめる場です。「合否のジャッジには関係しませんので、ぜひ包み隠さずお話しください」「入社後の〝こんなはずじゃなかった〟をできるだけ減らしたいと考えていますので、あなたの希望を教えてください」というスタンスで、真摯に応募者と向き合うようにしましょう。

次のような合理的配慮に関するアンケートを用意し、面接前に記載してもらう企業もあります。

合理的配慮に関するアンケートの質問例

仕事の指示について　※該当するものにチェックしてください。

□判断基準を具体的に伝えてもらえると理解しやすい。

□メモが追いつくスピードで話をしてもらえると理解しやすい。

□ポイントを具体的・簡潔に示してもらえると理解しやすい。

□一度の指示数は限定してもらえると理解しやすい。

Q. 好ましい指示の方法は?

□口頭説明　□見本の提示　□文章での説明　□写真・図・絵での説明

□作業手順書・マニュアルでの説明

体調管理について

Q. 希望する休憩のとり方は?

□静かな場所・部屋がいい　□一人で過ごすほうがいい　□特に希望はない

オフィス環境について

Q. 避けたいもの、または配慮を望むものは?

□音(人の話し声・機械音など) □照度 □におい

□屋外作業 □高所 □閉所 □特になし

対人について

□相手や場面に応じて臨機応変に対応できる。(□職場内の人に対して □職場外の人に対して)

□相手に対して自発的に話しかけられる。

□話しかけてよいタイミングがわかれば話しかけられる。

□慣れるまでのあいだは、声をかけてもらえたほうが話しやすくなる。

□相手の話の内容、表情・身ぶり、声の調子をもとに、相手の気持ちや考えを読みとることができる。

□読みとりは苦手だが、質問して相手の気持ちや考えを確かめることができる。

□気持ちや考えは、言葉で明確に伝えてもらうほうがわかりやすい。

ご紹介したのは、厚生労働省が制作した「就労パスポート（障害のある方が、働くうえでの自分の特徴やアピールポイント、希望する配慮などについて支援機関と一緒に整理し、事業主などにわかりやすく伝えるためのツール）」の一例です。

どんな場面でどんな配慮が必要になるかは、一人ひとりの特徴や困りごとによって異なります。なかにはまったく配慮を必要としない人もいます。本人との丁寧な話し合いがなにより大切だといえるでしょう。

健常者への面接では、経験やスキルなど「できること」を聞きますが、障害者への面接では「できないこと」や「不得意なこと」「不安に感じていること」などにスポットライトをあてる必要があります。「できないこと」や「不得意なこと」「不安に感じていること」はマイナスの材料ではありません。一緒に気持ちよく働くために、より質の高い仕事をしていただくために必要な情報です。仕事をするうえで必須となる配慮と、あったら嬉しい配慮をわけて、一つひとつしっかり聞いていきましょう。

障害者のなかには、文字で伝えることが苦手な方や、口頭で伝えるのが苦手な方、自身では判断できない方もいますから、「聞き方」にも工夫が必要です（自身で判断できない場合には、そのことがわかる親御さんや支援先の方に書いていただくといいでしょう）。

企業に過重な負担がかかる場合には、障害者が求める配慮を用意できないこともあります。要望に応えられないときは、曖昧にせず、理由と共に配慮できない旨をしっかり説明するようにしましょう。

入社後に検討し、配慮できるようになる可能性が高い場合にも、期待させすぎないように注意が必要です。企業側は「より多くの合理的配慮をしてくれる企業」がすばらしいと捉えがちですが、障害者の視点に立つと「入社前に伝えた内容が入社後にきちんと適用される企業」こそがすばらしいといえます。

障害者側も、すべての配慮が受け入れられるわけではないことがわかっていますから、臆せず伝えていただきたいと思います。

求人票の書き方

障害者を募集する際、まずはハローワークに求人の申し込みをするのが一般的です。地域のハローワークには障害者専門の職業相談・紹介窓口があり、就職を希望する障害者の多くが求職登録しています。いずれも無料で利用できるサービスですから、リスクなく始められます。

ハローワークにいる専門職員・相談員の一例

就職支援ナビゲーター

障害者を紹介する際に、事業主に対して助言を行ってくれる。採用後も、必要に応じて定着支援や雇用管理上のアドバイスをしてくれる。

精神障害者雇用トータルサポーター・発達障害者雇用トータルサポーター

精神障害者や発達障害者の雇用に関して、就職準備段階から職場定着までの一貫した専門的支援を行う。精神障害者や発達障害者の定着のための課題解決支援も行ってくれる。

仕事内容や給与、勤務時間などの労働条件がすでに決まっている場合は、ハローワークに求人票を提出します。

求職活動をしている障害者が集まる「障害者就職面接会」も定期開催されていますので、より多くの障害者に会いたい企業は、このようなハローワーク主催のイベントに参加するのも一つの手です。

そのほか、職業訓練校や特別支援学校、障害者支援施設、NPO法人などの民間支援会社に問い合わせ、紹介を受ける方法もあります。

障害者採用の予算がついている企業は、障害者求人を扱う専門サイトや専門誌の利用がおすすめです。のべ6万人以上の会員数を誇る障害者のための就職・雇用・求人サイト「Web Sana」はその一例です。

ハローワークや専門サイトに求人広告を出稿するのと同時に、自社ホームページにも採用ページを設け、情報を載せておくといいでしょう。ハローワークなどで求人票を見た求職者が、ホームページを検索し、閲覧してくれる可能性があります。外部に掲載する求人には文字数制限があり、多くの情報量を載せられないことがありますから、自社採用ページの情報を充実させておきましょう。

求人票や求人広告をつくるときのポイントは「できるだけ詳細に書く」ことです。任せる仕事内容や給与、勤務時間、待遇など求職者が入社後のイメージを持てるように具体的に記します。

応募を集めるために「いい内容を書こう」とすると、やはり入社後のミスマッチが生じてしまいます。実態を正直に、誤解を生まないように書くことを心がけましょう。採用活動のゴールは「入社」ではなく、採用した人材の「定着・活躍」です！

求人広告制作のポイント

ここからは求人広告制作のポイントを項目ごとにご紹介します。

応募資格

障害者は、応募資格欄において「学歴不問かどうか」「社会人経験は必須か」「必須の経験やスキル、資格はあるか」などをチェックしています。

障害者は、健常者以上に「自分自身のスキルに自信がない」状態で就職活動を行っています。経験やスキルを求めない募集であれば「業界・職種未経験歓迎」「社会人経験不問」「オフィスワーク未経験歓迎」「先輩がイチから丁寧に教えます」「未経験から入社した障害者が活躍しています」など安心感を与える文言を明記しましょう。経験やスキルが必要になる募集であれば、「業務上絶対に必要となる経験」と「あったら活かせる程度の経験」の区別がつくように記載します。

仕事内容

「事務」や「営業」「接客」などの職種名だけではなく、仕事の中身がわかるようにできるだけ詳しく記載します。具体的なタスク内容に加えて、「仕事のボリューム」や「業務の流れ」「『午後の13時~14時は忙しくなります』などの業務特性」「一人でする仕事か、チームで行う仕事か」「在籍している障害者の人数」についても書いておくとよりイメージしやすいでしょう。

「最初は○○からはじめ、希望に応じて仕事の幅を広げられます」「○○の業務だけに集中できる環境です」「入社3年でリーダーになった障害者がいます」など業務の幅やキャリアアップの有無がわかる文言があると、障害者に企業の魅力が伝わります。

また、「任せる仕事」だけではなく、「任せない仕事」が記載されていると、障害者の不安を払しょくできるかもしれません。具体的には、「電話対応はありません」「重い荷物を運ぶ仕事は原則ありません」「100％内勤です」「数字計算の業務はありません」「Excelは数値の入力のみで、高度な操作スキルを必要としません」などの文言が挙げられます。

給与・待遇・雇用形態

給与や待遇、雇用形態は、求職者からの注目度が高い分、誤解のないように伝える必要があります。たとえば、契約社員など有期の雇用契約の場合、「正社員登用あり」と記載されている求人をよく目にしますが、過去何十年に一人しか正社員登用者がいなかった場合も、「正社員登用あり」と書けてしまいます。求職者は正社員登用制度の有無はもちろん、正社員登用の難易度も知りたいはずです。「希望者のうち〇％が正社員登用されています」「昨年度の正社員登用者は〇名でした」など具体的な事実を記載したいところです。「昇給の有無」「保険の適用」「退職金の有無」なども障害者が気になるポイント。扶養の範囲内で働きたい方や障害年金が減額されない範囲で働きたい方もいますから明確にしておくことが重要です。

障害者を「無期契約の正社員」で雇用する企業の割合は決して高くはありません。

障害者雇用実態調査によると、「身体障害者」では無期契約の正社員が49・3％、有期契約の正社員が3・2％、無期契約の正社員以外が19・9％、有期契約の正社員以外が27・2％という結果でした。

「知的障害者」では無期契約の正社員が18・4％、有期契約の正社員が1・4％、無期契約の正社員以外が40・9％、有期契約の正社員以外が39・1％。

「精神障害者」では無期契約の正社員が25・0％、有期契約の正社員が0・5％、無期契約の正社員以外が46・2％、有期契約の正社員以外が28・2％となっています。

また、雇用形態に準ずるように、「無期契約の正社員」比率が低い知的障害者や精神障害者は平均賃金も低い結果となっています。

身体障害者の平均賃金は月21万5千円（週30時間以上勤務者は月24万8千円）、知的障害者は月11万7千円（週30時間以上勤務者は月13万7千円）、精神障害者は月12万5千円（週30時間以上勤務者は月18万9千円）です。

雇用形態や給与についても選択の余地があるほうが、私は生きやすい豊かな社会だと考えています。

だからこそ、いろいろな会社があっていいわけですが、日本の場合、「能力の高い障害者」や「責任のある仕事を任されたい障害者」が輝ける職場が少ないように感じます。裏をかえせば、正社員雇用で実力がしっかりと給与に反映される雇用体系を組めば、障害者採用において大きなアドバンテージを得ることになります。

「障害者採用は契約社員かパート社員で、最低賃金で雇えばいい」と決めつけず、期待する仕事の成果や求める人物像にあわせて適切な設定をするようにしてください。また、どんな基準をクリアすれば正社員登用されるのか、昇給できるのかなどのガイドラインを設け、事前に共有しておくことが大切です。

勤務時間・休日休暇制度

障害によって長時間働けない方や、通院・服薬が必要な方もいます。求人票には勤務時間の幅や実働時間、残業時間、休みの取り方を詳細に明記するようにしましょう。

朝夕のラッシュ時間を避けて出退勤できるフレックスタイム制やスライド勤務、テレワークや在宅勤務はやはり障害者に人気です。「週2日・1日4時間勤務」など超短時間勤務が可能な場合は精神障害者や発達障害者が就労しやすくなります。

また半休を取得できたり、傷病休暇や有給休暇の日数が多かったりする場合も、応募が集まりやすくなります。個々人の事情にあわせて柔軟な働き方ができる制度があれば、ぜひアピールしましょう。

配慮について

障害者に対して、配慮できることが事前に決まっている場合には、求人広告にも記載します。「エレベーターあり」「多目的トイレあり」「筆談環境あり」「バリアフリー完備」「マイカー通勤可」「メールや文書、イラストでの指示対応可」「ベッドのある休憩室あり」などがその一例です。加えて、仕事をするうえで必要な配慮について聞かせてほしい旨が伝わる文言を書いておくといいでしょう。

障害をタブー視しない

企業ごとに採用基準が異なるため、一概にはいえませんが、面接で障害者に聞く質問としては、次のようなものがあります。

障害者への面接質問例

□これまでの職務経歴について教えてください。
□前職の退職理由・転職動機について教えてください。
□障害の内容について教えてください。
・障害を負った経緯は？
・具体的な状態と症状は？
・通院状況は？
・主治医から気をつけるように言われていることは？

・障害を負った後、就業経験はありますか？

□必要な配慮について教えてください。

・求人内容に記載してある仕事は遂行できそうですか？

・業務を遂行するうえで〝必須〟となる配慮には、どのようなものがありますか？

・〝これがあると嬉しい〟配慮には、どのようなものがありますか？

・日常生活や社会生活において不便さを感じる点は？

・どのようなときに体調を崩しやすいですか？

・自力での通勤は可能ですか？

・できないことに対して、これまでどのように対処してきましたか？

□志望動機について教えてください。

・当社を志望した理由は何ですか？

・どのような会社で働きたいと考えていますか？

・得意な仕事、不得意な仕事にはどのようなものがありますか？

・どんな業務にやりがいや面白さを感じますか？

健常者向けの面接と異なるのは、「障害の内容」と「必要な配慮」について聞くこと。人事担当者のなかには「障害についてどの程度聞いていいのだろうか」と迷われる方もいます。面接や選考で重要なのが、障害をタブー視しないことです。業務上必要となることで聞いてはいけない質問はありません。聞きにくいことこそ一歩踏みこんで質問してみましょう。

質問する前に、「採用される方にとって働きやすい環境をつくりたいと考えていますので、障害についても教えていただけますか」「答えにくい質問、答えたくない質問には答えなくて大丈夫です」と伝えておけば、応募者も答えやすいのではないかと思います。そもそも、会社には社員の安全配慮義務があります。障害の程度や緊急時の対応を把握する必要があることをお互いに理解しておくことが大切です。

障害について詳しく聞くことで、「どのような配慮をすれば仕事ができるか」「会社が期待する仕事ができそうか」を判断できるのはもちろん、「本人がどの程度障害について把握しているか」「自らの障害をどう受けとめているか」がわかるはずです。

「できること」だけではなく、「できないこと」や「必要なサポート」を自己認識できている人は、入社後も適切なタイミングで助けを求められるため、活躍しやすい傾向があります。

特に見えない障害を抱えている方は、自ら助けを求めることができず、上司や同僚からも「できる」と勘違いされた結果、苦しくなって結局辞めてしまうケースもあるようです。オープンにすることが怖かったり、落とされないように自分をよく見せようとしたりする気持ちはわかりますが、お互いにとっていい採用にするために、相互理解は欠かせないものです。

「障害者を雇用したことがないので、どんな配慮をすればいいかわからないのです。会社としてうまく対応できないこともあるかもしれませんが、なんとかいい環境で長く働いてもらいたいと思っています」と企業側の思いを伝えれば、障害者側も丁寧に答えてくれます。お互いに完璧を求めず、ざっくばらんに話せる雰囲気をつくるようにしましょう。

「なんでもできます！」「大丈夫です」などの言葉を鵜呑みにして採用し、入社後にトラブルが発生することもあります。困った事態になって初めて、「実はこういう障害があって……」と打ち明けられることも。採用時に知らなかったことが入社後に発覚すると、対応が後手にまわり、社員やお客様に迷惑をかけてしまいます。

障害によりコミュニケーションの得意・不得意はありますから、コミュニケーション能力の有無だけで合否が決まらないように注意する必要があります。口頭でのコミュニケーションが苦手な方であれば紙に書いてもらったり、描くても自分の言葉で語っているかどうかを見たりして、慎重に判断するようにしましょう。

面接で見極めるべきは「働く意欲」

面接で見極めたいのは、応募者が持つ「スキル」と「マインド」です。

スキルについては、前職の仕事内容や得意とする作業などをヒアリングし、具体的な仕事内容を説明したうえで、その業務を行えるかどうかを確かめます。

仕事のイメージがつきやすいように職場を見学してもらうのも有効です。職場体験や実技テストを通じて、応募者がどの程度、該当の業務を行えるのかを見極めます。

また、ハローワークからの紹介により、障害者を短期的・段階的に雇い入れられるトライアル雇用という施策もありますので、ぜひこちらもご検討ください（詳しくは第五章をご覧ください）。

スキル以上に私が重要だと思うのは、「本人が『働きたい』と強く思っているかどうか」です。

「求人に応募してきているのだから働く意思はあるだろう」と考えがちですが、障害者のなかには親に「働け」と言われたから、先生に「いい会社だよ」と勧められたから、仕方なく面接に来ている人もいます。

働くマインドが低い人材を雇うのは正直大変です。配属先の上司や同僚に苦労をかけることになりますし、やはり定着・活躍に繋がりづらいでしょう。スキルは働きながら習得することができますが、マインドを育てるには相当な労力と時間を要します。

働いていれば、当然ながら大変なことはあります。どんな仕事もどんな職場も順風満帆ばかりではいられません。イヤなこと、耐えなければならない局面もあるでしょう。働く意欲を持っていることが、そんな大変な局面を乗り越えていくカギになります。仕事の厳しさと向き合い、一緒に少しずつでも成長していこうという思いを持てるかどうかが重要だと私は考えます。

合理的配慮への質問に対して「私にはこういう障害があるので、配慮してもらって当然です」という態度をとる人も注意が必要です。

合理的配慮は最大限、企業が取り組むべき義務ですが、お互いに歩み寄りの姿勢が欠かせません。「やってもらって当然だ」というスタンスのまま現場に配属すれば、チームの雰囲気がわるくなったり、「なぜあの人ばかりが配慮されるのか」と不満に思う人が出てきたりします。会社の採用基準と照らし合わせ、人物面についても注意深く見ていくようにしてください。

障害者採用を積極的に行っている、ある大手企業では、「素直に人の話を聞けるかどうか」「最後までやり抜こうとするタイプかどうか」「障害特性などを自己認知できているか」を重要な採用基準に据えていました。

働く意欲を見極めるために「どんな業務にやりがいや面白さを感じますか」「どんな仕事や場面で、働く意欲やモチベーションが下がりそうですか」「できないことに対して、これまでどのように対処してきましたか」と質問してみることも一考です。

転職回数が多い場合や退職理由が曖昧な場合も、「人間関係でのトラブルが多いのではないか」「働く意欲が低いのではないか」という視点でヒアリングを行う必要がありそうです。「退職した会社が悪い！」と一方的に話す方のなかには自己中心的であったり、歩み寄りの精神に欠けていたりする方が多く、早期退職に繋がりやすい傾向があります。

ちなみに、ある特別支援学校の先生に「就職した企業で定着しやすいのはどんな人ですか」と質問したところ、「給料をもらって何に使いたいかが決まっている人」というおもしろい答えが返ってきました。「給料で両親にプレゼントを贈りたい」「旅行に行きたい」「好きなカフェめぐりをしたい」など働く原動力や目標を持っている人は、定着しやすい傾向があるようです。

「○○のために頑張ろう！」と思える人は、少々困難なことがあっても乗り越えられるのだなあと感じました。

障害特性×育った環境×個人の経験・能力

「障害者はビジネスマナーが身についていない」「コミュニケーション能力に欠ける」という声は、障害者雇用をしている企業からときどき聞こえてきます。

障害の有無にかかわらずマナーが身についていない人はいますし、コミュニケーションが不得意な人もいます。障害者だけに特別該当する事項ではないのですが、「できる人とできない人の差が健常者以上に大きい」側面はあるのかもしれません。

障害者のなかには、ビジネス経験のみならず社会経験が圧倒的に少ない人もいます。特別支援学校の先生曰く、「高校生になっても自動販売機で飲み物を買ったことがない」「一人で電車に乗ったことがない」人がいるそうです。健常者ではあまりないケースではないでしょうか。家庭環境や親の教育方針によっても、どの程度社会経験を積んでいるのかに差が生じます。障害者の場合、40歳の人が20歳の人よりも社会経験が少ないということだってありえるのです。

選考過程で、家庭環境や教育方針について尋ねることはできませんが、「経験は年齢に比例しない」「育った環境により差が大きい」という視点は持っておいて損はないと思います。

また、普通校に通っていたか、普通校の特別支援クラスに通っていたか、特別支援学校などに通っていたかという点でも違いが生まれます。

一概にはいえませんが、普通学校出身者のほうが、健常者とのコミュニケーションに慣れている一方、福祉との繋がりが薄く、支援先を持っていない弱さがあるといわれています。特別支援学校出身者のほうが「サポートしてもらってあたりまえ」という感覚を持ちやすく、健常者とのコミュニケーションに不慣れですが、適切なタイミングで助けや配慮を求められる強みもあります（あくまでそのような傾向があるというだけで全員に共通する話ではありません）。

どちらが良い悪いではなく、本人の生まれ持った能力や特性とは別のところで、育った環境や社会経験の少なさが起因し、能力不足に見える場合があることを、ぜひ心にとめておいていただきたいのです。

マナーが身についていないように見えても知らないだけかもしれません。コミュニケーション能力が低いように見えても、実は〝のびしろ〟が大きいかもしれません。

障害の種類や特性、育った環境、個々人が持つ素養や才能、これまでの経験がすべてかけ合わさって「今」があります。

そのすべてを知ることはできませんが、一人ひとり状況や背景が異なるということを慮った採用活動を行いたいものです。

障害者雇用は社内制度を見直すチャンス

障害者の受け入れは、新たな人事制度をつくったり、既存の社内制度を見直したりする機会になります。

たとえば障害者を雇用している企業の取り組みや制度にはどのようなものがあるので

しょうか。簡単にご紹介します。

障害者雇用企業の取り組み・制度事例

□相談窓口の設置
□雇用管理のマニュアル整備
□半休制度・短時間勤務の導入
□フレックスタイム制・スライド勤務制度の導入
□テレワーク・在宅勤務制度の導入
□クルマ通勤や自転車通勤の許可（駐車場の確保）
□有給休暇・傷病休暇の日数増加
□休職制度や職場復帰のための支援制度の整備
□休憩室の設置
□仕事に集中できる環境や設備の充実
□障害に対して理解を深めるための研修・交流会の実施
□ＯＪＴコーチャーやメンター制度等の構築

障害者向けの取り組み・制度を企画するときに大切なのは、「障害者だけに適用されるもの」ではなく、「全従業員がメリットを享受できるもの」にすることです。

たとえば、「通院したい」と言われて障害者にだけ半休を許可したり、特別有給休暇を付与したりする企業があります。一見優しい対応のようにも見えますが、障害者だけに配慮することは問題もはらんでいます。「障害者だけ特別扱いされている」と従業員が不公平感を持つようになったり、「あの人は障害者だから仕方がないよね」と障害者を区別して考える風潮が生まれ、チームとしての一体感が損なわれたりします。障害者のためを思って行うことが、障害者への差別に繋がってしまうのです。

障害者が嬉しいと感じる配慮は、健常者にとっても嬉しいことです。

風邪をひいたときに半休がとれたり、台風がきているときはテレワークができたりしたら、従業員の満足度は向上するでしょう。もちろん業種や規模、経営状況により、行えることには限りがあります。障害者にとってあったら嬉しい制度でも全従業員に対して実施できる施策ではないのなら、障害者にも特別対応せず、会社のルールを順守してもらうことです。

募集要項や面接で就業規則を説明し、「うちはフレックスタイム制度はありませんが、朝通勤できますか？」「有給休暇は○日なので、この範囲で通院できますか？」と事前に確認するようにします。

障害者の要望に合わせて、就業規則から外れた動きをすることは、のちに揉める原因にもなりえます。障害者に対して柔軟に対応するのであれば、全員に対して柔軟に対応する。このスタンスが大切です。

ちなみに、私が今在籍している会社は9時〜17時勤務です。

ただ私は、通勤ラッシュを避けて出勤したいので、朝オフィスが開く1時間前にビルに着くようにし、近くのカフェで新聞や本を読んで過ごしています。このように障害者自身が生活を工夫することもできます。「すべてを会社が整えてあげないといけない」と責任を感じる必要はありません。

無理のない範囲で始めて大きく広げる

障害者雇用は、最初は小さく段階的に始めて、徐々に拡大していきましょう。

▶障害者「第一号」社員を雇う。
▶「第一号」社員の定着を支援し、戦力化する。
▶発生した問題やトラブルに対応し環境を整備する。
▶蓄積したノウハウを共有、障害者雇用の成功体験を従業員に周知する。
▶障害者雇用を拡大していく。

まずは第一号の社員を雇い、定着・活躍に結びつけていくことがとても大切です。第一号社員の活躍により、「障害者も戦力になるんだ」「うちの部署でも障害者に仕事を任せたい」という声が出てきます。

同時に、障害者を雇用したことで問題が発生したり、トラブルが起きたりした場合には、配属部門任せにせず、人事が積極的に関わっていくべきです。

最初からすべてがうまくいくことはありません。誤解や失敗も、今後に活かすための重要なケーススタディです。問題の発生状況を知り、第三者の立場から解決に向けて動きます。場合によっては社内ルールを見直したり、配置転換を検討したりする必要があるかもしれません。

蓄積したノウハウは、人事や配属部門だけで保有するのではなく、全社に向けて発信するといいでしょう。「最近入社した障害者が活躍しているみたい」「うちの会社の障害者雇用はうまくっているんだな」と印象づけることになります。

障害者をフォローしやすい人事部門にまず配属し、徐々に他部門への配属を増やしていくパターンも多いです。入社当初は障害者一人で行う仕事から始め、会社に慣れたところでチーム配属する方法もあります。いずれにしても、無理のない範囲で小さく始め、成功体験を積みあげていくことが重要です。

また、一人の担当者だけが障害者の採用やマネジメントを担っていると、その方が辞めたあとに、障害者雇用のノウハウが自社に残っていない事態にもなりかねません。障害者の採用やマネジメントを複数人で担ったり、誰が障害者採用の業務を引き継いでも大丈夫なようにしておいたりするなど工夫が求められます。

障害者を正社員の総合職として採用するのはハードルが高いという場合には、まずは契約社員やパート社員の雇用形態から始めてみるのもいいでしょう。第一章で紹介した「ショートタイムワークアライアンス」のように週1～2回の超短時間勤務を導入する手法もあります。特別支援学校の職場体験や実習の受け入れにチャレンジし、障害者を理解することからスタートしてもいいかもしれません。

障害者雇用のノウハウを蓄積するのは長期戦。焦らずじっくり取り組んでいきましょう。

実は多い⁉ 内定辞退

厚生労働省発表の令和元年「障害者雇用状況の集計結果」によると、雇用障害者数・実雇用率ともに過去最高を更新しています。

2018年には法定雇用率が2.0%から2.2%となり、2021年3月末までに2.3%に引き上げられる法改正の影響もあり、年々障害者採用に取り組む企業が増えています。

ある大手企業の人事担当者は「こちらが〝いいな〟と思う方は、各社取り合いの状態。選考過程において他社の応募状況を確認するようにしていますが、内定辞退されることも多いです」と話していました。とくに身体障害者の採用難易度は高まっていて、一般採用と同様、企業が環境を整えたり、選考を工夫したりしなければ採用できない状況になりつつあります。

まだまだ採用数が少ないと思われていた知的障害者も特別支援学校の先生曰く、徐々に売り手市場になってきているとのこと。同じ作業の繰り返しが得意など、障害の特徴が周知され、どのような環境でどんな仕事を任せれば能力が発揮できるのかがわかってきたことが要因のようです。「知的障害者のなかでも若い子はわりとすぐに就職先が決まりますよ」と話す就労支援事業所のスタッフもいました。

企業側は、障害者も売り手市場になりつつある現状を知っておく必要があります。今から障害者採用に取り組んでおかないと、年々採用難易度はあがる一方です。障害者雇用のノウハウを着実に蓄積していく企業と、会社に合った人材を採用できない企業とのあいだで差がどんどんひらいていくでしょう。

企業が人材の見極めを行っているように、企業側もまた、障害者から選ばれる立場なのだということを忘れてはいけません。

障害者への差別禁止が法律で明確に示され、面接の場で差別感情をあらわにする人は減っているとは思います。それでも、普段思っていることは言葉の端々や態度にあらわれるものです。見下すような発言や態度を障害者は敏感に感じとっています。人事担当が、真にダイバーシティ&インクルージョンを理解しているかどうかが、会社の採用力に直結する時代になるでしょう。

私自身、転職活動をしているときに、「この会社は法定雇用率を達成するために仕方なく障害者を採用しているのかな」と感じたことがありました。障害者採用を経営戦略の一環だととらえ、会社をさらに発展させるために、定着・活躍してくれる障害者が必要なのだという熱い思いと気概を持って取り組んでいただきたいと思います。

障害者雇用に慣れていない企業は「〝人〟ありきの採用ではなく〝仕事〟ありきの採用をしよう」とお伝えしました。ただ、障害者採用に慣れている企業の場合、いい人がいたらすぐに採用し、職場内でその方ができる仕事を探すスタイルをとっているところもあります。ジョブローテーションを繰り返しながら、その方の適性を探り、最も輝ける配属先を探していると答えてくれた企業もありました。いずれの企業も、それだけ障害者採用に真剣なのだと感じます。障害者雇用を順調に拡大できた場合には、このような手法も検討してみてください。

余談ではありますが、私が転職活動をしていたとき、同時に2社から内定をいただきました。内定辞退をした会社から「辞退の理由を教えてもらえますか?」と問われ、「給与や待遇条件に違いがありましたので……」と答えると、「それならうちも同等の給与を出します!」と言われてしまいました。「なんだかなあ……」と複雑な気持ちになったことを覚えています。

転職先に選んだ現在の企業は、「入社後に誤解が生じるといけないので」と一次面接の段階から給与や待遇をオープンにしてくれていました。一方、辞退した会社はこちらの動きを見て給与額を変動したわけで、その姿勢に不誠実さを感じてしまったのです。

応募者が内定を辞退したあと、その返答を覆すことはほぼありません。募集段階から自社を選んでもらえるように会社の制度を整えたり、誠実な姿勢で面接対応したりすることが大事なのではないでしょうか。

人事の積極的な関わりが人材の定着・活躍につながる

障害者を無事に採用できたら、人事の次なるミッションは、社員の定着・活躍を支援すること。人事の丁寧な関わりが、早期の戦力化につながります。

ここでは人事が中心となって行う取り組み事例をご紹介。本人への支援はもちろん、障害者が配属される現場の上司や同僚への支援も欠かせません。

障害者本人への定着・活躍支援

入社時ガイダンス&配属前の丁寧なヒアリング

中途入社であっても、今回の就業が初めての会社勤めという障害者もいます。会社の就業規則や社内システムの使い方、社内共通のルールなどを説明し、簡単なビジネスマナーについても必要に応じてレクチャーしておきましょう。

内定出しから入社までのあいだに、障害や体調が変化している可能性もあります。必要な配慮について再度確認し、不安な点がないかどうか丁寧にヒアリングします。自宅から勤務地までの移動距離や通勤ルートに問題はなかったかも確認しておくと安心です。

配属先への情報共有

書類選考や面接で人事が知った情報を配属部署の管理職などに共有します。ここで大切なのは、選考過程で知りえた情報を、誰にどこまで伝えるかを、障害者本人と話し合っておくことです。必ず本人の同意を得たうえで進めるようにします。

障害の内容や配慮してほしい事項などが正確に伝わっていないと、配属後に混乱が生じてしまいます。「〇〇が用意されていないと仕事ができない」などのケースもありますので、確実に申し送りしておきましょう。配属先への情報共有は簡単なメールなどで済まさず、人事と配属先上司とのあいだで直接話す機会を設けるほうがより良いでしょう。

入社1〜3カ月後の本人面談

障害者が人事以外の部門に配属された場合、入社後に困った事態が起きていても、人事側で気づけないケースがあります。「採用時点で伝えていた業務内容やオフィス環境とのギャップはないか」「上司や同僚との人間関係で悩んでいないか」などをヒアリングします。対処したほうがいい問題があれば、本人の同意を得たうえで、担当部署の管理職に共有し、課題解決に向けて動きます。

入社1〜3カ月のタイミングで面談をセッティングした場合、たとえ誤解や問題があったとしても、深刻化するまでに手を打つことができます。一方、「入社半年後以降の面談」や「入社1年後面談」では、配属直後にはなかった悩みがでてくることも。「人間関係に不満がある」「みんな残業をしているのに私だけ時短なのが申し訳ない」など、障害者はさまざまな葛藤を抱えています。できるだけ定期的に面談の機会を設けるようにしましょう。

産業医など外部の協力者による面談

担当上司でもなく人事でもない、第三者の相談先による面談の機会を設けている企業もあります。産業医や心理カウンセラー、ジョブコーチなどが「働く環境に問題はないか」「業務に違和感はないか」「周囲とのコミュニケーションはうまくいっているか」などをヒアリングし、人材の定着・活躍に繋げていきます。

ジョブローテーションやキャリアアップ支援

社員にいきいきと活躍してもらうためには「適性にあった仕事に就けること」や「能力開発の機会があること」が欠かせません。障害者の場合、最初に配属された部署で長年仕事を続けるケースが多いのですが、適性にあわせてジョブローテーションが行われたり、配置転換の希望が出せたり、キャリアアップのための研修に参加できる機会があるといいでしょう。ただ、決まった人間関係のなかで同じ仕事を続けたい志向の方もいますので、本人の希望を確認するようにしてください。

配属先上司・同僚への支援

配属前の情報共有

配属先の担当上司にはできるだけ面接に同席してもらうようにします。一度でも顔を合わせておくことで余計な心配が軽減され、受け入れに対する抵抗感が減る傾向があるからです。

配属先のチームや同僚に対しても、可能であれば、配属前に情報を共有しておくことをお勧めします。

ある企業では、障害者の採用がきまった時点で、配属部署のスタッフ全員に向けて障害の理解促進を目的とした研修を人事主導で行っていました。入社予定の障害者が得意なこと、障害によりできないこと、配慮してほしいことなどを、本人に同意を得たうえでスライドにまとめて共有。障害者と触れ合う機会がなかった従業員は、障害者のイメージがわかず、「ふつうに話しかけていいんですか?」「飲み会に誘ってもいいんですか?」といった質問をすることもあるようです。たとえば「コミュニケーションのとり方は健常者と変わりがないですよ」「服薬されているのでお酒は飲めませんが、飲みの場に参加するのは好きだそうです」などと答えておくと、障害者についての理解が進みます。その後配属された際にも馴染みやすくなるでしょう。

入社1～3カ月後の上司面談

障害者本人に対して行う面談と同様に、配属先の担当上司に対しても入社から1～3カ月のタイミングで面談を行います。

「採用時に聞いていたスキルとの相違がないか」「チーム運営において困っていることはないか」「既存スタッフの反応はどうか」などをヒアリング。障害者雇用において一番大変なのは、人事ではなく現場の上司です。現場の上司が一人で悩みを抱えることがないように定期的に面談の機会を持ち、必要があれば問題解決に向けて一緒に動きます。

人事自身が、障害に対する知識や雇用のノウハウを持っている場合には、問題解決の対処法などをアドバイスします。

産業医や心理カウンセラーによる研修

障害者が配属されている部署の管理職を集め、産業医や心理カウンセラー、ジョブコーチをお招きしての研修や相談会を行うことも有効です。精神障害や発達障害など各障害についての知識を深めたり、それぞれの部署で起きている問題を共有し合ったり、専門家の立場から対応方法についてアドバイスをもらったりします。

研修や相談会を通じて、管理職の〝横のつながり〟をつくることも重要です。管理職同士、普段から相談し合える関係をつくれるように人事主導で場づくりを行います。

仕事サポートブックの制作

障害者自身の障害特性や必要な配慮などをまとめた仕事サポートブックを制作し、担当上司に配布している企業があります。

書かれている内容は障害者が「得意なこと」や「不得意なこと」、「どのようなときに不安になるか」「集団行動が好きか」「希望するコミュニケーションのとり方」「マネジメントするうえでやってほしくないこと」「注意・禁止するときの伝え方」「パニックになったときの対応方法」「欠勤の場合の連絡方法」「なにか困ったことがあったときの相談先」など。これらの情報が1冊にまとめられ、マネジメントの手引きとして活用されています。

人事部による人件費管理

障害者の配属で「採用した障害者の人件費」をどこに付けるかという問題があります。障害者がどの程度パフォーマンスを発揮できるかわからないため、「人件費を持ちたくない」と配属を断られるケースがあるためです。そのため、採用者の人件費を人事部が一括計上する手法をとっている企業もあります。

詳しくは第五章で紹介しますが、障害者を雇用すると、企業に納付金が入る制度があります。障害者雇用は、障害者個人として生み出した成果のほかにも「納付金」や「助成金」という形で企業に利益をもたらしています。場合によっては管理職にそのような情報を正確に知ってもらい、障害者雇用の理解を深めてもらう必要があるでしょう。

第3章

徹底して〝個〟に向き合うマネジメント

まわり道できる管理職が会社を変える

結果を出すことを焦ってはいけない

第三章では、障害者をマネジメントすることになった現場の管理職に向けて、担うべき役割や心構えについてお伝えします。

人は誰しも長所と短所を持っています。組織のなかでAさんにはできないこともBさんならできます。Bさんにできないことを C さんはできるかもしれません。強み・弱みを相互補完しながら、一人では成し遂げられない大きな成果をあげられることが組織のすばらしさです。

近年、組織運営において「チーム」の重要性が語られる機会が増えています。偉大なスーパースターが画期的なアイデアで新サービスをつくりあげ、世界を魅了する時代ではありません。ビジネスの正解がなく、不確実性の高い現代では、リーダーシップでさえも複数人でシェアします。チームの総合力がものを言う時代なのです。障害者をチームのメンバーに迎え入れたマネージャーは、誰しもが強み・弱みを持ちあわせていることを忘れないでください。

設立当初から「障害者との共生」を理念に掲げ、障害者の雇用を積極的に行ってきた、クリーニング事業を展開する株式会社北海道健誠社での話です。

同社で雇用した知的障害者のなかに、クリーニング作業のどの工程を任せても、まったくできなかった社員がいました。「この仕事は?」「あの仕事は?」といろいろな仕事を試してみますが、どれもダメ。しかし普段の生活を注意深く観察していたマネージャーが「彼は記憶力がよさそうだ」と気づきます。そこで、業務用タオルを何枚工場に出して、何枚返却されたか、伝票を見ながらチェックする事務仕事を任せました。すると彼は、持ち前の記憶力を発揮し、一度ざっと伝票に目を通しただけで管理数を把握できたため、健常者である既存スタッフの3分の1以下の時間で仕事をやり遂げたのです。

今では、彼が休む日は、既存のスタッフで手分けをしなければ終わらないといいます。

障害者に任せられる仕事がないとき、こちらがお願いした仕事をうまく遂行できないとき、「この人には能力がない」と切り捨てるのではなく、「まだこの人の能力を見つけられていないのかもしれない」と捉えてみてください。一見できないことが多いように思われる方にも強みがあり、適性に合う仕事に就くことで最高のパフォーマンスを発揮できます。

先に挙げた事例では、マネージャーが部下の行動を観察し、「記憶力がいい」という強みを見出したことが分岐点になりました。配属当初から強みを発見できればいいのですが、本人も周囲も、強みを認識していないケースはあります。何度も仕事のチャンスを与えながら適性を探り、粘り強く、強みを見極めていくプロセスが大切です。

最も重要なのは、結果を焦らないこと。人間は機械ではありません。何かを教えたり、知識をインストールしたりすれば、すぐにできるようになるわけではありません。障害のある方のなかには、初めて就業する方や社会経験に乏しい方もいます。障害特性やこれまで置かれていた環境をふまえ、粘り強く見守っていく。健常者やほかの障害者と比較するのではなく、「昨日の自分をいかに超えていくか」を一緒になって考えてほしいと思います。

障害者の大半は、自身のスキルや能力に自信がありません。挑戦する機会や成功体験が圧倒的に少なく、自己肯定感が低い人が多いのです。できないことにフォーカスしすぎたり、結果を焦ったりすれば、過度なプレッシャーや悲観、委縮につながり、いい結果を生みません。

階段を一歩ずつ登るように、小さな成功体験を積み重ねていきましょう。

時間がかかったとしても、まずは「最初の成功体験を一緒につくる」ことを目標にしてみてください。「私にもできた！」「この会社で役に立てるかもしれない！」、そう思える体験を積み重ね、少しずつステップアップしていくことが、障害者自身のやる気と自信を引き出します。

徹底して〝個〟に向き合う

「今期は対前年比売上高110％を達成できるように頑張りましょう」
「部署の方針で残業時間を○％削減することになりました」
「新しい商品がリリースされますので、接客方法を工夫してください」

部署全体にこのような情報を発信したいとき、マネージャーであるあなたは、どのように対処するでしょうか。

全体朝礼で広報する。部下全員にメールを一斉送信する。さまざまな方法がありますが、同じ情報を同じタイミングで全員に届けようとするマネージャーが多いのではないでしょうか。一人ひとりに話すのは非効率ですし、伝わる情報に差があると不公平感に繋がると捉えられるからです。

しかし、障害者を含めたチームをマネジメントするとき、「全体広報」がかえってボトルネックになることがあります。知的障害や精神障害、発達障害、難聴などの身体障害がある方は、全体に向けられた一律の情報をキャッチアップするのが苦手だからです。

言葉の意味を正確に理解できなかったり、情報の内容に過度なプレッシャーや不安を感じたり、体調がわるくなるほど頑張りすぎてしまったり、どのように行動すればいいかわからずに混乱してしまったりすることがあります。「全体広報」では正しく伝わらないケースが多いのです。

「あなたは○○が得意だから、○○の業務を少し増やしてみましょう」「部署の方針で残業時間の削減が決まりましたが、あなたはすでに達成しているので今のペースで大丈夫ですよ」「今度新商品がリリースされますから、あなたには○○をお願いしますね」というふうに、〝みなさん〟が主語ではなく〝あなた〟を主語にした話をします。

マネジメントの基本は徹底的に「個人」に向き合うこと。一人ひとりできることや置かれている状況、モチベーションがあがる言葉がけは異なります。目標の達成ひとつをとっても、目標数値をダイレクトに伝えられたほうがやる気がでるタイプもいれば、目標数値は告げずにそっとタスクを増やしておくほうが頑張れる人もいるのです。

少し面倒くさいなと感じた方もいたかもしれませんが、そう難しいことではありません。まずは部下一人ひとりをよく観察することです。「Aさんは、こういう言葉を使ったときに、イヤな顔をするな」「Bさんは、このような状況下になると、極端に作業効率が下がるぞ」などの日頃の仕事ぶりやコミュニケーションから一人ひとりをよく観察し、オリジナルの個人情報をインプットしていきます。

世間話も大切な情報源です。「Aさんは音楽フェスに行くことが好きなようだけど、休み明けに集中力が落ちているなあ」というふうにプライベートと仕事は関連しています。それらの情報が多ければ多いほど、一人ひとりにあった適切な指導ができるようになります。

障害特性についても、もちろん把握しておくべきです。必ず配属前に、人事や本人から障害の内容や特性、必要な配慮について話を聞いておきます。

あなたのチームに、温度調整が苦手なAくんが配属されたとします。ある日、Aくんが足をぶらぶらさせたり、身体を激しくゆすったりしている姿を目にします。作業スピードも普段より落ちているようです。「どうしたの?」と本人に聞いてみても、「大丈夫です」と答えるだけ。

もしあなたが「Aくんは温度調整が苦手である」ことを知らなかったら、どうなるでしょうか。原因に見当をつけられず、問題を解決できません。彼の障害特性について知っていれば、「オフィスが暑いからストレスがたまっているのかもしれない」と気づくことができます。涼しい場所で少し休憩させれば、それで解決です。

突然声をかけられることが苦手なBさんは、挨拶をされても緊張のあまり固まってしまいます。それを知らない同僚は、返事をしないBさんを見て、「感じがわるい人だ」と誤解してしまいます。

マネージャーが周囲にBさんの特性を伝えておけば、「挨拶が返ってこなかったけれど、急に声をかけられて驚いたのかもしれない」「次はアイコンタクトをとってから挨拶するようにしよう」と思ってくれるかもしれません。少なくとも「感じがわるい」「怒っている」などと誤解されることは少なくなります。

障害の特性をマネージャーが把握し、一緒に働く同僚に周知しておくと、組織運営が円滑になります。さらに一歩進んで、チーム全員がお互いの弱みや苦手なことを積極的に見せ合うことができたなら、チームはまとまり、組織運営がぐっとラクになるでしょう。

これは障害者だけに限った話ではなく、健常者にも同じことがいえます。

前述した「全体広報」についても同様です。一見非効率なように思えても、わずかな時間でも部下一人ひとりとコンタクトをとり、相手にあった声がけや指導をしたほうが、結果的に早く成果に繋がることもあります。

一人ひとりに弱みがあり、配慮してほしい点があるのも同様です。障害者手帳を持っていなくても、「こういうことを言われるとテンションが下がる」「暑さ・寒さに弱い」「目標数字をプレッシャーに感じる」という人はいるでしょう。

障害者に限らず、健常者に対しても、個人に寄り添う対応をしたいものです。もしも、障害の有無に関係なく、チーム全員に対してそれぞれの特性に合った配慮がなされる組織があったとしたら、それはとても居心地がよく、モチベーション高く働ける組織といえるのではないでしょうか。

たとえば、ミーティングが始まる前に、最近あった出来事や体調について話すルールを設けている企業があります。どんな話をしてもOK。ポジティブな話題もネガティブな話題も関係なく話すことができます。

「昨日、仕事でお客さんから○○という言葉をかけられて嬉しかった」「今日は朝から頭痛がしていて、テンション低めです」「最近、失恋しました……」、いろんな話が飛び出すそうです。お互いに自己開示してからミーティングに入ると、〝なにを話しても大丈夫な場だ〟という共通認識が生まれます。自然と、その後の議論も活発になるそうです。

また、お互いについての情報が増えることで、助け合いや配慮ができるようになり、チームワークが向上しているとのこと。お互いを知り、個々人に寄り添っていくことで、組織としてのパワーは確実にアップします。

指示の出し方でアウトプットの質は変わる

「こんなウソつきは雇えない!」

特別支援学校に通う高校生の職場体験実習を受け入れた企業の社長が、支援学校の先生にこう告げました。

「ウソつきって、どういうことですか?」、想定外の言葉に驚いた先生は社長に尋ねます。すると社長は、「この子に指示をだして、『わかった?』と聞くと、『わかりました』と答える。『終わった?』と聞くと、『終わりました』と言う。でもお願いした業務を見ると、間違っているし、終わってさえいない。彼女を雇うことはできない」と答えたのです。

この言葉を聞いて、先生は納得しました。「この生徒はおそらく指示の内容を理解できなかったのでしょう。だから『わかった?』『終わった?』という言葉だけに反応して、オウム返しのように返事をしてしまった。決してウソをついたり、怠けたりする子ではありません」そう社長に伝え、生徒に指示を出すときの注意書きをまとめました。

指示・指導するときは次のことに気をつけてください。
□難聴のため、言葉が聞き取りにくいことがあります。指示するときは、なるべく近くで話してください。
□大勢に向けて話しかけられた内容を上手に聞きとれません。やるべきことなどの大切な指示は1対1で話してください。
□確実に伝わったかどうか、復唱させてください。
□覚えてほしい名前や事柄は、確認しながら繰り返し教えてあげてください。

社長に指示の仕方を変えてもらったところ、この生徒は社長から依頼された仕事ができるようになりました。結果、学校卒業後にその企業への就職を果たしたそうです。

お願いした仕事ができていなかったり、時間どおりに終わっていなかったり、何度言っても依頼内容が伝わっていないと感じたときには、「その仕事をする能力がない」と決めつけるのではなく、「もしかしたら私の伝え方に問題があるのではないだろうか」と考えてみてください。

たとえば「あれ」「これ」などの指示語を使うと混乱してしまう人がいます。同時に2つ以上の指示を出されることが苦手な人もいます。口頭よりも文章やイラストで伝えるほうが理解しやすい人もいます。

指示の仕方ひとつで、仕事の成果やアウトプットの質は劇的に変わるもの。「お客様に丁寧に商品を渡してください」と言われてもできなかった人が、「お客様に一度お辞儀をして、両手で商品を渡してください」と言い方を変えるとできるようになります。指示をすべてメールに変えた途端、伝わるようになったというケースもあります。

知的障害者だけで運営されているベーカリーショップは、パンをつくる工程をすべてイラスト化。数字がわからない人もいるため、材料もグラム表記ではなく秤のメモリがイラストで示されています。

指示の仕方だけではなく、コミュニケーションのとり方も、一人ひとり好みがわかれるところです。みんなとわいわい話をしながら仕事をしたい人もいれば、話し声が気になって集中できない人もいます。プライベートの話題に親しみを感じる人もいれば、業務で必要な質問だけをされるほうが安心する人もいます。障害の種類にかかわらず、一人ひとり特性が異なるため、コミュニケーションの好みを知ろうとする姿勢が大切です。

一人ひとりの障害特性を知り、「どうすれば伝わるのか」「気持ちよく働いてもらえるのか」を考え、試行錯誤することは、ときに大変な作業かもしれません。

しかし確実に、あなたのマネジメント力を磨いてくれます。部下とのコミュニケーションの引き出しが増えます。障害者以外にも、あなたと属性が異なる人々のマネジメントがスムーズになります。マネージャーとして大切な能力を磨く時間になるはずです。

障害者に足りないキャリア開発の視点

働く障害者は増えているが、キャリア開発の視点を持ち合わせている障害者は少ない。数多くの障害者をマネジメントしてきた管理職からよく聞かれる課題の一つです。

キャリア開発（キャリア・ディベロップメント）とは、働く個々人の職務や能力・スキルを中長期的に計画する考え方のこと。

10年後20年後にどこでどんな仕事をしていたいかを思い描いたり、そのために今から何をすべきなのかを逆算して考えたり。キャリア開発の力が低いというのは、先を見通しキャリアを計画していく力が弱いという意味です。

障害者がキャリア開発の視点を持ちにくいのは、仕方のないことかもしれません。「とにかく働いてくれればいい」という親の意向が強ければ、「入社」や「就職」がゴールになってしまうでしょう。

そもそも自身の希望や適性に合った仕事を見つけることさえ簡単ではありません。キャリアを描きたくても、会社側がキャリアの選択肢を用意していないケースも多々あります。新卒者にはキャリアのロードマップや研修・教育機会が豊富に用意されている会社でも、障害者だけが対象外になっていることもあります（障害者であることを理由に昇進や昇給、教育の機会を奪うことは法律で禁止されていますが、実態が法律に追いついていない現状があります）。

あなたの会社では、どのようなキャリアアップが可能でしょうか。

部下のキャリア開発力をつけるためには、まずは社内でどのようなステップアップが可能なのかを見せてあげることが大切です。

- ▼【ステップ1】契約社員として入社
- ▼【ステップ2】一人で業務を完遂できるようになる
- ▼【ステップ3】正社員登用
- ▼【ステップ4】正社員として成果を出す
- ▼【ステップ5】複数人のスタッフをまとめるリーダーorスペシャリストになる

あくまで一例ですが、まずはキャリアステップを具体的に提示してみます。各ステップをクリアするためにはどんなスキルが必要なのか、どんな仕事ができればいいかを一緒に考えてみましょう。モチベーションを高めるために、どのステージにあがれば、どの程度給与があがるのかなどの情報もあわせて伝えるようにします。

障害者の多くは「将来のビジョンを描く」「中長期的な目標を立てる」ことが得意ではありません。まずは先を見せ、5年後10年後、どうなっていたいのか考えてみる時間を設けてもらうといいでしょう。

キャリアビジョンが明確になれば、それにあわせて適切な目標設定が可能になります。「この目標をクリアするうえで今は○○ができていないので頑張りましょう」というように納得感のある評価にも繋がります。

健常者と同じスピードでキャリアアップすることは難しいかもしれません。ときに障害者自身が理想と現実のギャップを感じてしまうかもしれません。しかし、社員一人ひとりに〝その方らしい〟キャリアがあるはずです。会社からの期待と本人の希望をかけあわせ、オリジナルのキャリアをぜひ一緒に描いてほしいと思います。同時に、「入社別研修」「階層別研修」など教育の機会を与え、個々人の能力開発をサポートします。

「障害のある方に、成長することを期待してもいいのだろうか」と迷うマネージャーもいるかもしれませんが、「あなたは成長しなくてもいいよ」と区別されるのもまた悲しいものです。

誰もが心の奥底に、「誰かの役に立ちたい」「成長したい」という気持ちを持っています。結果を焦ったり、無理をさせたりすることは禁物ですが、それぞれのペースで少しずつ役割を増やしたり、責任のある仕事を任せたりしてみましょう。

「これができるのであれば、もしかしたらこんな仕事もできるかもしれない」と少し成長した姿を思い描いて新しい目標をつくり、導いていくこともマネージャーの役割です。

私自身、初めて役職に就いたときには、やはり誇らしい気持ちでした。仕事への責任感が増え、認めてもらっているという事実が、明日を頑張る原動力にもなりました。キャリアのステージが変わることで視点が変わり、仕事や組織への愛着が増しました。

知的障害者の支援をしている方にお話をうかがったときも、「障害者にリーダー職を任せると、自信に満ちた表情に変わってくる。いきいきと働く姿をみると、こちらも嬉しくなる」とおっしゃっていました。キャリア開発は個々人のスキルアップや成長を後押しするだけではなく、一人ひとりの働く喜びに繋がっていくのだと感じます。

ただし、新しいステージにのぼっていくときには、負荷がかかるのも事実です。精神障害を抱えている場合は、マネージャーとして、どの程度、成長を後押ししていいのか、加減がわからないことも多いでしょう。

少し無理をしていると感じたり、体調不良などの症状がでたりした際には、一旦キャリアを足ぶみしたり、もとに戻したりする判断が必要です。

人生100年時代。歩んでいくキャリアの先は長いです。長期的な視点で、焦らず急がず、取り組んでいきましょう。

適切な目標設定と評価が離職を防ぐ

厚生労働省発表の平成25年度「障害者雇用実態調査」では、身体障害者と精神障害者に「前職の離職理由」をアンケート調査しています（「障害者雇用実態調査」は平成30年度発表が最新ですが、平成30年度版では同様のアンケートが行われていません）。

身体障害者の回答（表5）では、個人的理由が最も多く61.3％、次いで事業主の都合が19.5％、定年・契約期間満了が7.3％でした。

事業主の都合や契約満了よりも、「障害者自らが退職を決断している」割合が多いことがわかります。

個人的理由の具体的内容（表6）を見てみると、「賃金・労働条件に不満」が最も多く32.0％、次いで「職場の雰囲気・人間関係」が29.4％、「仕事内容があわない」が24.8％。改善等が必要な事項を問う質問（表7）でも「能力に応じた評価、昇進・昇格」

表5　離職経験者の前職の離職理由［身体障害者］
厚生労働省発表「障害者雇用実態調査」（平成25年度）をもとに作成

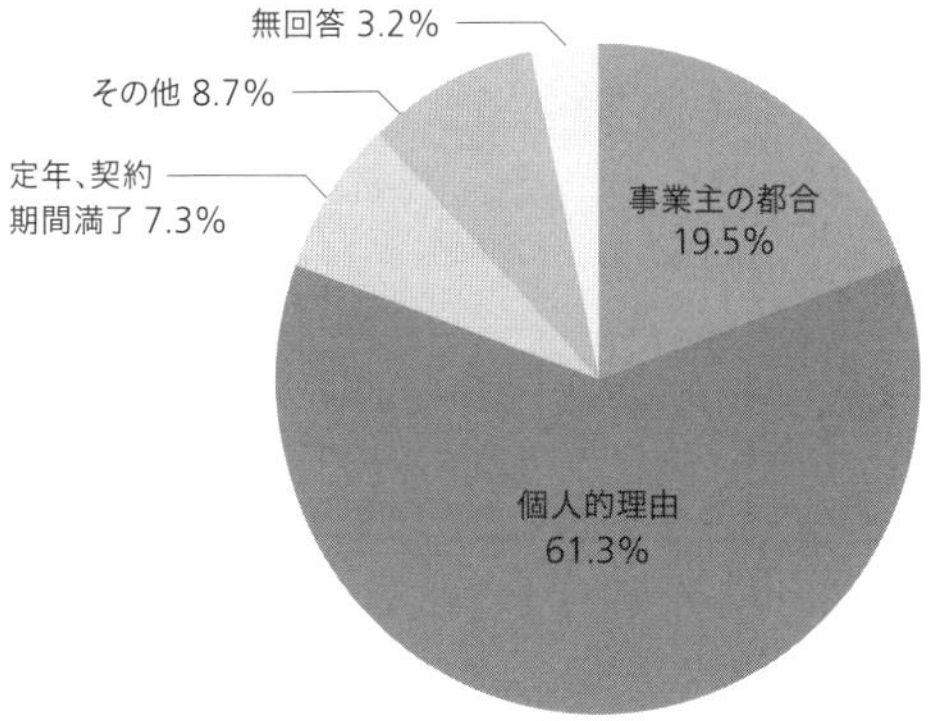

表6　個人的理由の具体的な内容（複数回答）［身体障害者］
厚生労働省発表「障害者雇用実態調査」（平成25年度）をもとに作成

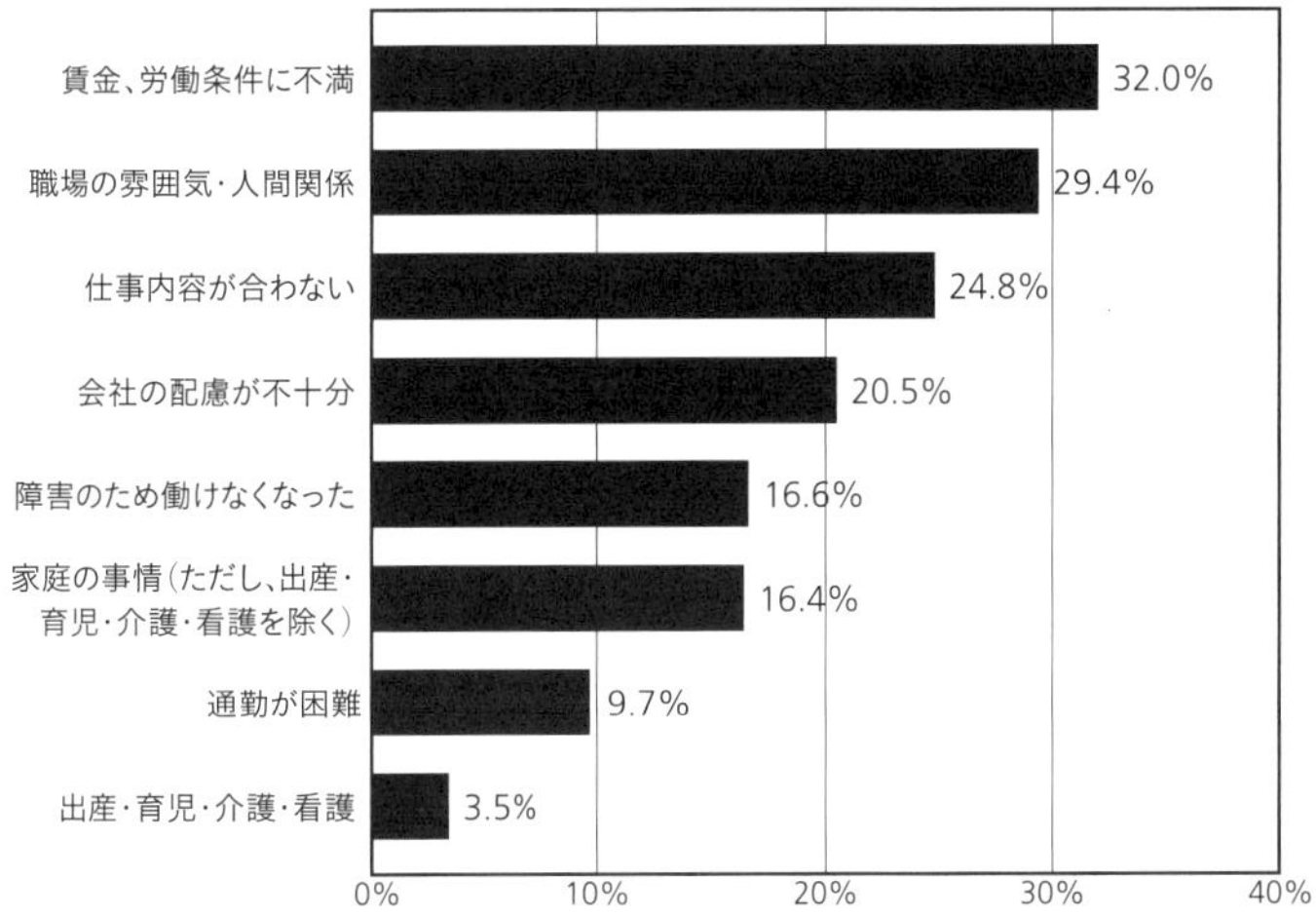

の回答がトップとなっています。

精神障害者へのアンケート結果も見てみましょう。

「前職の離職理由」(表8)では、身体障害者よりも「個人的理由」の割合が微減し56.5%、次いで「事業主の都合」が16.0%、「定年・契約期間満了」が9.9%、「休職期間に伴う離職」が4.6%でした。

個人的理由の具体的内容(表9)を見てみると、最も多かったのは「職場の雰囲気・人間関係」で33.8%、次いで「賃金・労働条件に不満」が29.7%、「仕事内容があわない」「疲れやすく体力、意欲が続かなかった」が同率で28.4%となっています。

退職理由では、「職場の雰囲気・人間関係」が「賃金・労働条件に不満」を上回りましたが、改善等が必要な事項を問う質問(表10)では「能力に応じた評価、昇進・昇格」の回答がトップになっています。

企業は「障害者が求める配慮に応えること」が最も重要だと考えがちなのですが、このアンケート結果から見えてくるのは、障害者の多くが「能力に応じた適正な評価、昇進・

表7　改善等が必要な事項（複数回答、2つまで）［身体障害者］
厚生労働省発表「障害者雇用実態調査」（平成25年度）をもとに作成

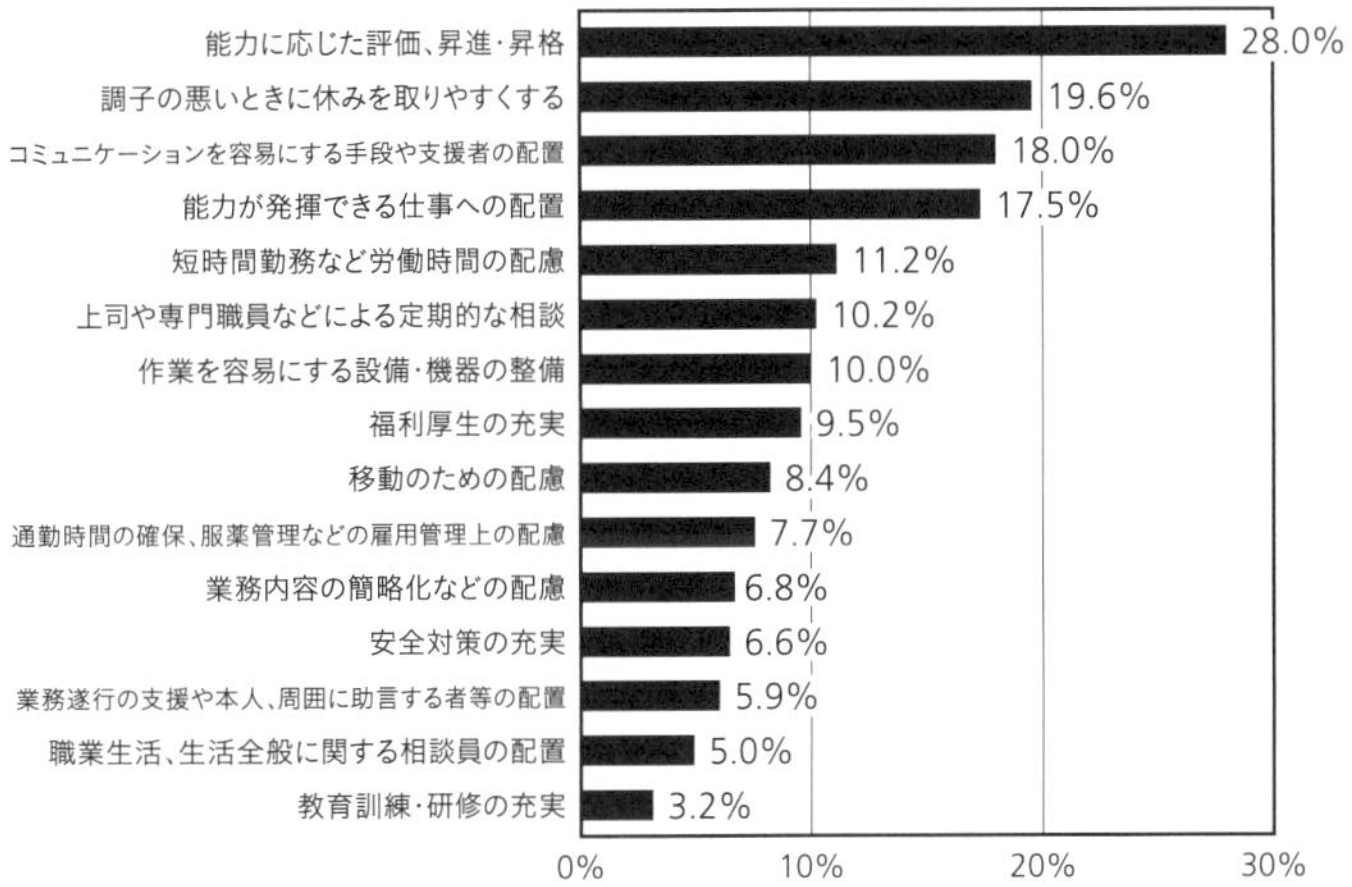

表8　前職の離職理由［精神障害者］
厚生労働省発表「障害者雇用実態調査」（平成25年度）をもとに作成

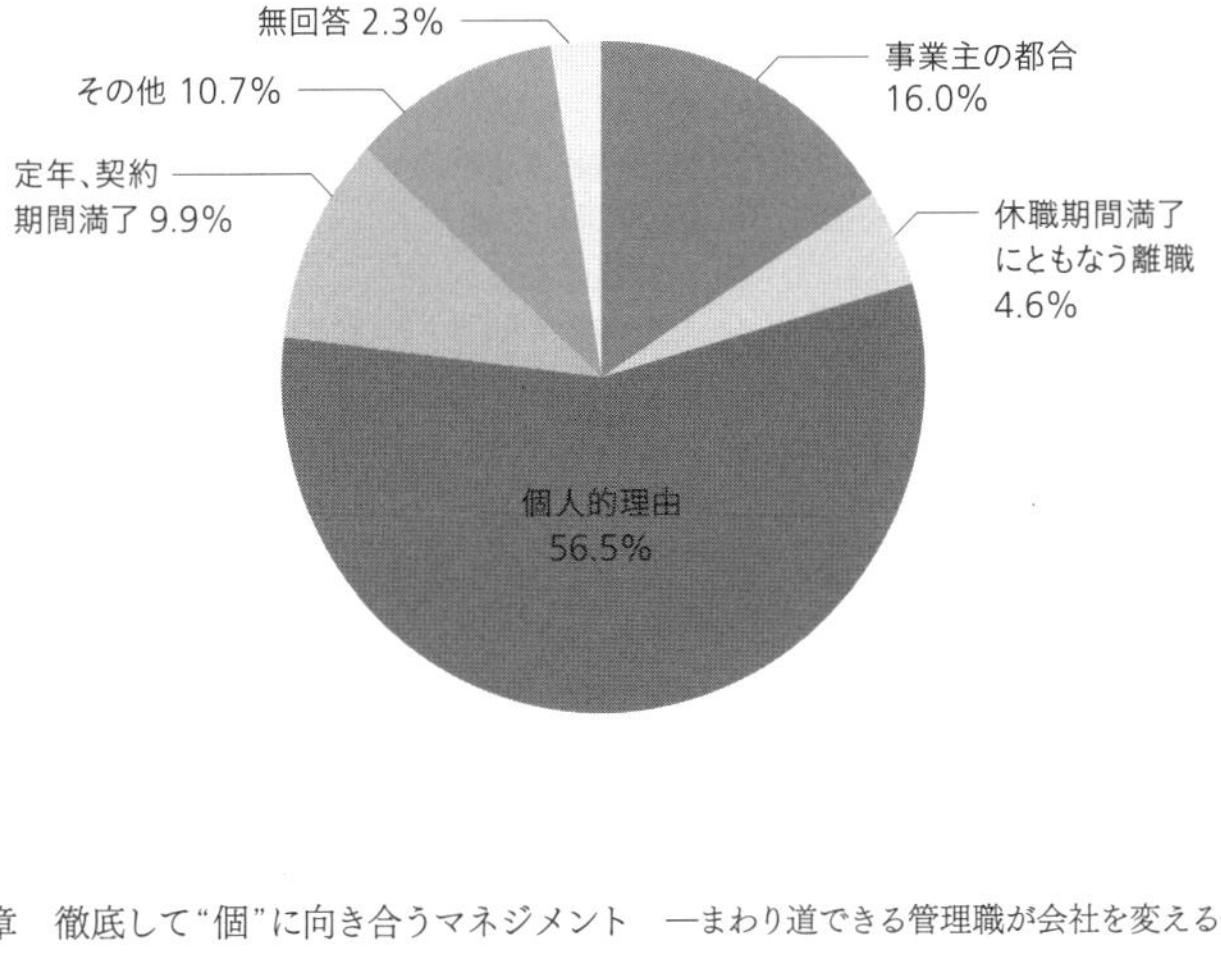

表9　個人的理由の具体的な内容（複数回答）［精神障害者］

厚生労働省発表「障害者雇用実態調査」（平25年度）をもとに作成

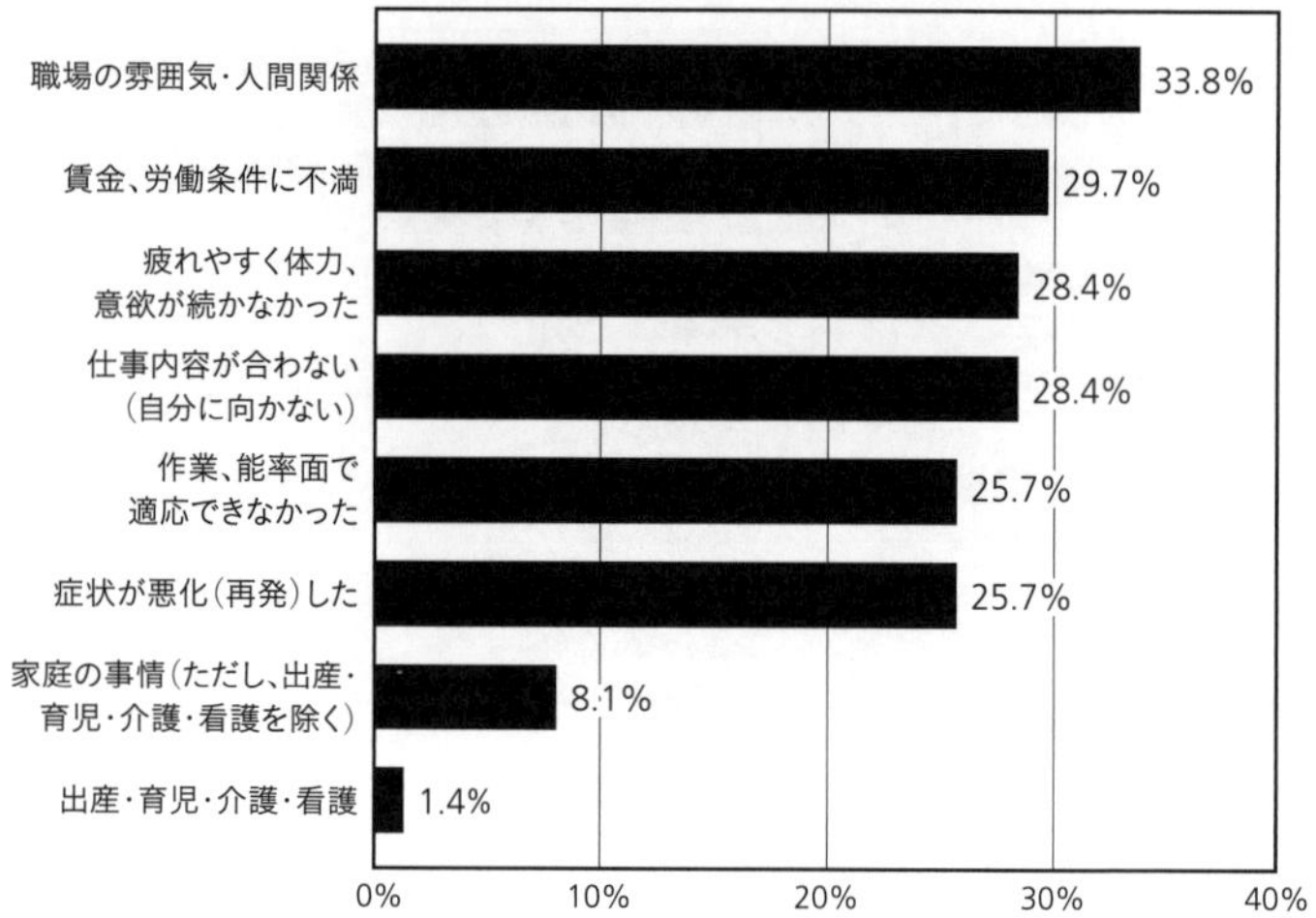

表10　改善等が必要な事項（複数回答、2つまで）［精神障害者］

厚生労働省発表「障害者雇用実態調査」（平成25年度）をもとに作成

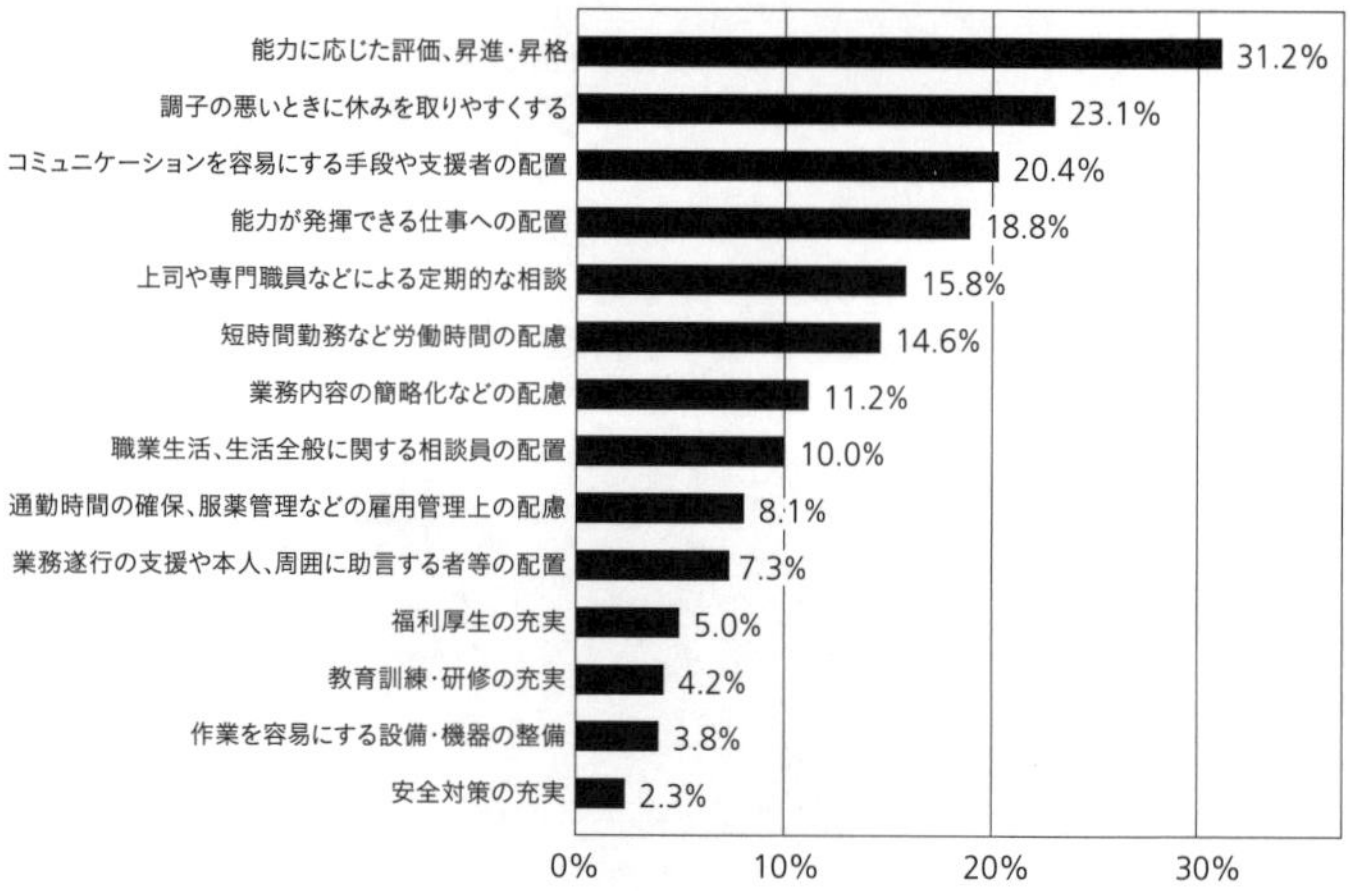

昇格」を望んでいるという事実です。

障害者だから昇給がない、キャリアアップできない、賞与がないという労働条件では納得できないことをあらわしています。もしくは「評価基準の不明瞭さ」が不満に繋がっているのかもしれません。何ができるようになれば昇給が叶うのか。どんなスキルを身につければ昇格できるのか。明確な基準を設け、公平に評価し、丁寧に説明すれば、「私は適正な評価をしてもらっていない」という不公平感は減るはずです。

従業員のなかには評価の仕組みがわかっていない人もいますので、会社の評価基準に照らし合わせながら、「相対評価」や「絶対評価」の違いについても説明しておきましょう。

適切な目標設定と評価が成長のエンジンになることもあります。

ある会社では「一級ボイラー技士の資格がとれたら正社員」という明確な評価基準を設定していました。すると、脳性まひで生まれつき手足の動きや発語に障害があった男性が、一級ボイラー技士の資格試験に一発合格したのです。一般の受験者でさえ何回も落ちるのが珍しくない難しい試験です。周囲から「無理だろう」と言われましたが、「あきらめてたまるか」という一心で、受験勉強と仕事を両立しました。

見事資格を取得した男性は、障害者では同社初の正社員に昇格。彼の頑張りは、ほかの障害者に希望を与え、後を追って正社員になる人も出ているそうです。障害の種類や特性、個々人の志向性により程度の差こそあれ、「明確な目標を掲げて成果をしっかりと評価することが人を成長させる」ことは間違いありません。

障害者をお客様扱いしない

「障害者をお客様扱いしない」「障害者を必要以上に障害者として扱わない」ことは、マネージャーのみなさんにぜひ心に留めておいていただきたいことです。

障害者から「今日、体調がわるいので休んでいいですか」と言われ、健常者にはない特別な有給休暇を付与してまで休ませてしまう会社があります。

できていない仕事を見つけたときに、障害者には何の指摘もせずに、代わりにやってしまうマネージャーがいます。

障害者の扱いに慣れていない企業ほど「障害者に優しくしなきゃいけない」「障害者を大切にしなければならない」と特別扱いをしがちです。しかしそれでは、本当の意味で障害者をチームの仲間として受け入れているとはいえません。障害者としてではなく、一緒に働く仲間だと思えば、特別扱いばかりはしていられないはずです。

障害者をお客様扱いしないためには、その障害者が持つ特性を知ることがいちばん大切です。

障害特性を知っていれば、何か問題が起きたときに、それは障害によるものなのか、それとも障害は関係がないのか、切り分けて判断することができます。障害が理由であればその障害が取り除けるように配慮すればいいですし、障害に起因しないのであれば健常者と同じ対応をすればいいことになります。

初めて障害者の部下を持ったマネージャーが「配属当初は障害者に対して注意できなかった」と語ってくれたことがありました。「障害と関係のないところで手を抜いていたり、時間を守れなかったりしても、指導してもいいのかどうか躊躇してしまった」と言うのです。ただ、やはりそのようなマネージャーの消極的な態度は、チームに悪影響を及ぼします。「あの人は障害者だから仕方ないよね」という空気がチームに漂い、チームの一員として活躍する機会を奪ってしまいます。

このマネージャーは、ミーティングに遅れてくる障害者に対して「あなたを待っている時間も、全員のお給料が発生していますよ。次からは遅れないようにしてください」と伝えられたとき、やっとマネージャーとしてのスタートラインに立てたと感じました。

障害への配慮は必要ですが、遠慮は必要ありません。障害についてわからないことがあれば率直に聞いていいのです。仕事ぶりに問題があるようなら、お互いに納得できるまで話し合います。チームの大切な仲間として、今よりもう一歩距離を縮めてみましょう。

障害者に負けない組織をつくることも大切です。マネージャーが障害者に遠慮しないのと同様に、ほかのチームメンバーも過剰な配慮と遠慮で疲弊しないように注意が必要。既存の従業員が障害者を特別視したり、「トラブルを起こしたくない」「何か言って辞められたら困る」「あの人に任せるより私がやるほうが早い」と考え始めたりすると、チームがうまく機能しなくなります。

障害者も仕事をするために会社に来ています。お給料分の仕事をしてもらうためにきちんと要望を出すのは当然のことです。仕事上の要望を伝えてそれで辞めてしまうのならば仕方ないと、ときには割り切ることも大切でしょう。

また障害者がネガティブなオーラをまとっている方だった場合、その雰囲気にチームが引きずられてしまうこともあります。

障害者だけに限った話ではありませんが、新しいメンバーを迎え入れたときこそ、「本来チームが大切にしていること」「成し遂げたいミッション」などをチームメンバーで共有し合い、チームのあるべき姿を守っていくことが重要です。

マネージャーは、チームがどのような状況にあるのか、チームメンバーは困っていないか、障害に負ける組織になっていないか、注意深く観察するようにしましょう。

障害は変化する

障害は加齢とともに重くなることもあります。入社当初に負担なくできていた業務が年々大変だと感じられるのはよくあるケースです。しかしながら、上司や同僚、そして本人でさえ、その事実に気づかない。体や心が悲鳴をあげていても、「このくらいならできるはずだ」と思いこんでしまうのです。

季節によっても障害は変化します。気温や湿度、気圧の変化を敏感に感じる障害者は多いです。私の場合、6月の梅雨時期に決まって肘の痛みが悪化します。通常は3週間ごとに整体に通っているのですが、この時期は2週に一回に変更し、体調を整えます（ちなみに整体にかかる費用は年間10万円。保険がきかず大きな出費ですが、これも体調をコントロールするための必要な経費だと割り切っています）。

このように「障害は日々変化する」ということを、現場のマネージャーは知っておく必要があります。合理的配慮は入社時に一回聞いて終わりではありません。打ち合わせや面談の際など定期的に「体調に変化はありませんか」「なにか困っていることはありませんか」と聞いてあげてください。体調の波をうまく一緒に乗り越えていくことが、人材定着の秘訣でもあります。

精神障害や発達障害など見た目ではわからない障害の場合、「その人が障害者であることを忘れてしまう」という問題があります。入社当初はメールで指示を伝えると決めていたのに、いつのまにか口頭のみになってしまっていたり、案外仕事がスピーディーにできるので、もっとやってもらおうと相手の状況を見ずに依頼してしまったり。その結果、障害者自身が大きなストレスを抱え、体調不良の要因になってしまうのです。

精神障害・発達障害者のなかには「過集中」という障害を抱える人もいます。「過集中」とは、文字どおり集中しすぎてしまう障害です。一旦集中すると、目の前のこと以外見えなくなり、寝食を忘れるほどに物事に没頭します。そのため、短時間で周囲を圧倒するほどのパフォーマンスをあげることもあるのです。本人は「まだできる」「もっとやりたい」と思い、周囲は「この人はできる」「もっとお願いしてみよう」と思ってしまいます。しかしながら、過集中の過程では、膨大なエネルギーが使われていて、身体は大きく消耗しています。気づいたときには、出社できないほど心身がボロボロになっていたということもあるのです。

過集中の傾向がある場合には、本人が「やりたい」と言っても、「1時間仕事をしたら10分休む」などのルールを設けたり、切り替えやクールダウンがうまくいくように仕事をする場所と休憩する場所を切り分けたりする工夫が必要になります。

仕事で成果が出ていると障害を忘れてしまいますが、仕事のプロセスや業務中の様子にもしっかりと目を向けるようにしましょう。

どんなときにも自身の体調を一律に保つのがプロフェッショナルという考え方がありま す。「確かに」と納得する一方で、「それは自然な働き方ではないなあ」とも思います。

障害者に限らず、健常者も、体調や気持ちに波があるはずです。健常者のなかにも「低気圧だと頭痛がする」「雨だと関節が痛む」など季節による変化を感じる人もいますし、「若いころは徹夜できたけれど、もう頑張れない」など加齢による体力の変化を感じている人もいます。

過集中までいかずとも、集中できるときと、集中できないときがあるのは、誰しもあることです。そのような変化や弱さを認めてあげることも、持続可能な組織をつくるうえで重要ではないでしょうか。社員のプロフェッショナル意識だけに頼らず、企業側としても、個々人の変化や状況に柔軟に対応できる環境をつくりたいものです。

複数の支援先・相談先を持つ

平成28年に「障害者雇用促進法」が改正されました。この改正では、「事業主は障害者に対する差別や合理的配慮の提供にかかわる事項について、障害者である労働者から苦情の申出を受けたときは、その自主的な解決を図るよう努める」という内容が盛りこまれました。

企業は障害者からの相談に応じるために問い合わせ窓口を設置する必要があります。多くの場合、社内の人事担当者や企業が契約する産業医、心理カウンセラーが相談対応にあたります。これらは障害者向けの窓口ではあるのですが、障害者の配属先である部署の管理職や従業員の相談にも応じる企業が多いようです。

障害者のマネジメントでは徹底的に個人に向き合うことが大切だとお伝えしました。

しかし管理職やマネージャーだけで向き合っていくのは大変です。個別に対応するなかで「○○さんに通用したことが□□さんには効果がない」「○○さんと信頼関係が築けず、どう指導していけばいいかわからない」などと悩む場面も出てくるでしょう。自分だけで問題を解決するには限界があります。一人で悩みを抱え込まず、まずは社内の相談窓口などを利用し、企業の人事や経営者に現状を知ってもらうことです。

自社で解決できない場合には、専門家の力をかります。障害者手帳を持っている方は、福祉に精通している方と繫がっているケースがあります。とくに知的障害・発達障害の場合、本人が障害の内容や特性について把握していないことがありますので、相談先となるキーパーソンを教えてもらうようにしてください。

参考までに、障害者を雇用している企業がどのような機関と連携して人材の定着を図っているのかを質問した、平成30年「障害者雇用実態調査結果」（表11）を見てみましょう。

「障害者就業・生活支援センター」や「公共職業安定所」などと連携し、人材の定着を図っている企業が多いようです。

障害者が直接支援を受けたことがある「主治医」や「就労移行支援事業所」「地域障害者職業センター」などの担当者であれば、本人の特性に応じた具体的なアドバイスをしてくれるかもしれません。本人が直接支援を受けたことのない機関でも、一般的な知見から相談に応じてくれます。

地域障害者職業センターが派遣するジョブコーチ（職場適応援助者）を活用し、定着のアドバイスを求めることも可能です。いずれにしても、複数の支援先・相談先を持っておく

表11　雇用継続・職場定着における事業所と関係機関の連携状況（複数回答）

厚生労働省発表「障害者雇用実態調査」（平成30年）をもとに作成

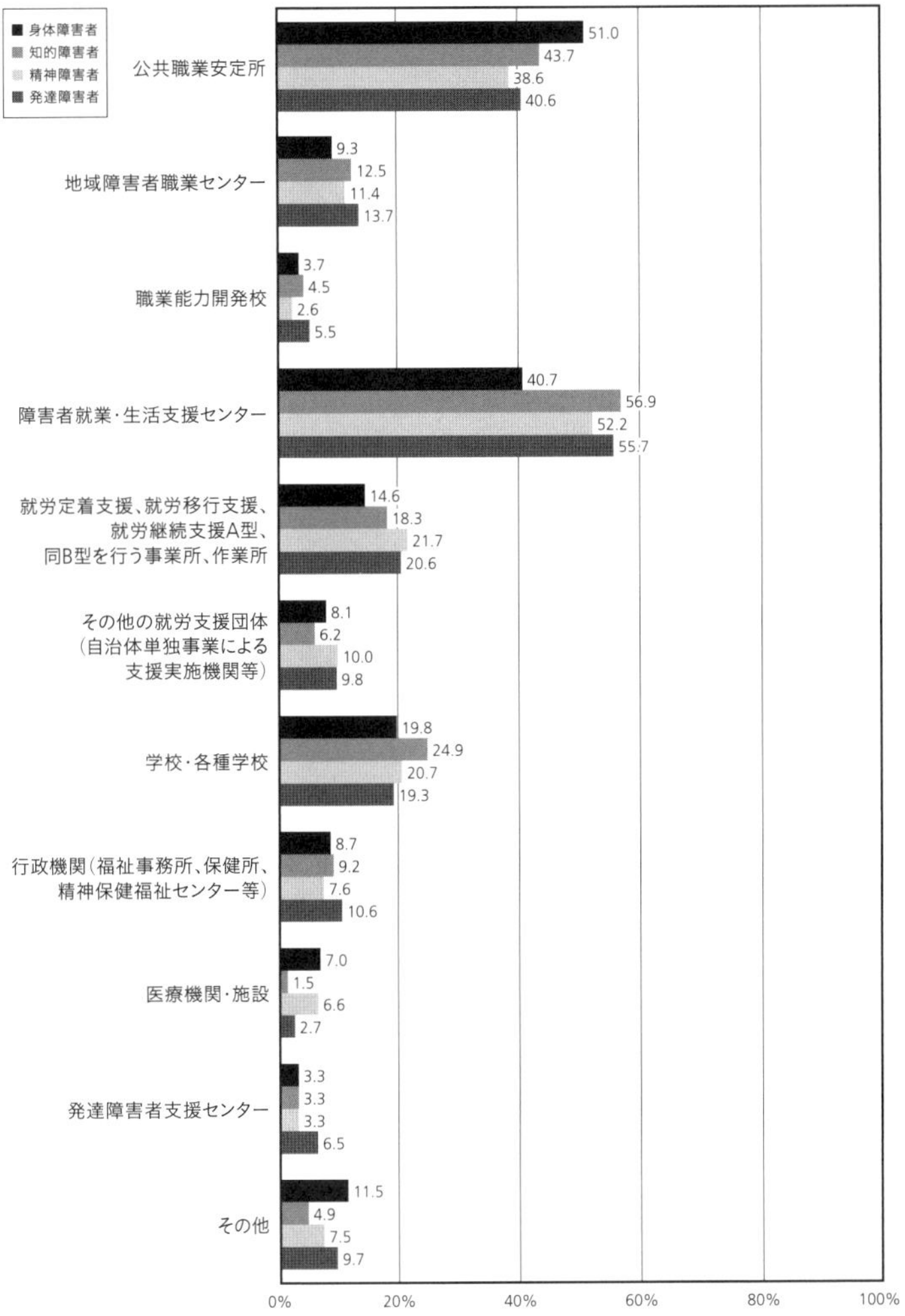

ことが大切だといえます。

障害者への理解を深めるために外部研修を受講するのも有効です。

厚生労働省が運営する「精神・発達障害者しごとサポーター養成講座」はその一例。全国各地で開催されており、約2時間の授業を通じて、精神・発達障害の特性や日常的な配慮のポイントを学べます。

一般社団法人日本ユニバーサルマナー協会が運営する「ユニバーサルマナー検定」も有名です。障害者に限定せず、高齢者や外国人、ベビーカー利用者など多様な方々とかかわるうえでのマナーやアクションを学べます。「ユニバーサルマナー検定2級」では、車いす利用者や視覚障害者、聴覚障害者への実践的なサポートを学ぶコンテンツも用意されており、受講した私自身もたいへん勉強になりました。

身体障害や知的障害、精神障害など、特定の障害について深く学ぶ講座を運営している民間企業もあります。気になる方はぜひ検索してみてください。

障害者だけを対象としたものではありませんが、臨床心理やコーチング、カウンセリングなどを学ぶことも障害者とのコミュニケーションに活かせるでしょう。

仕事の意義や働く価値を伝えよう

働きたいという障害者に話を聞くと、多くの方がこうおっしゃいます。「人の役に立ちたい」「社会とかかわっていたい」「支援されてきた人生だったから、仕事を通じて誰かを助けたい」

社会のなかで役割を見つけられること。自分が手がけたことが誰かの役に立っていると感じられること。その結果、お給料をもらえること。求められ、認められて、評価されることは、障害の有無にかかわらず、生きていく原動力になります。障害者の多くは企業で働くことに大きな喜びを感じているのです。

就労支援事業所で働くマネージャーの方は、「障害のある方が初めての経験をたくさんして、自身の世界や視野を広げていっている様子をみると嬉しい」と語ってくださいました。部下の働く喜びに触れられることもまた、マネージャーとしての大きな喜びではないでしょうか。

障害者のなかには、「自分の仕事は地味で単調だ」と思っている方がいるかもしれません。しかしどんな小さな仕事でも、仕事である以上、誰かの役に立っています。その仕事の意義をぜひ伝えてあげてください。任されている業務が最終的にはどのようにビジネスとリンクしているのか、その行き先や全体像を教えてあげてほしいと思います。

「あなたの仕事を待っているお客様がいるよ」「この書類をまとめてくれてありがとう」「いつもキレイにしてくれて助かっている」「あなたのおかげで、チームメンバーの負担が減っているよ」「あなたがつくったデータが製品開発に活かされていますよ」――そのひと言に励まされ、明日もがんばろう、もっと成長しようと意欲的に働ける障害者がいます。仕事の意義や働く価値を改めて伝えることが、チーム全体の士気を高めることにも繋がるはずです。

第4章

多様な人材が輝く組織づくり

障害者採用をきっかけに社風が変わる

障害者はみんな真面目でピュアなのか

障害者に対して誤った先入観を持たれることがあります。

とくにテレビの影響は絶大です。テレビ番組で描かれる障害者はたいてい頑張り屋さんで真面目でピュア。ひたむきに前向きに夢に挑戦する姿が描かれ、それを観た視聴者は「障害者って本当にがんばっているなあ」「純粋な心を持っているなあ」という感想を持ちます。テレビ番組では障害者を応援したくなるように演出・編集されているわけですから、ウソつきで気難しくて怠け者が登場するはずがありません。

たまに私が、「お酒好きですよ」「大学生のとき、ギャンブルにはまったことがあります」と言うと、「えっ⁉」と驚く方がいます。なかには顔を曇らせる人も。おそらくその方々は「お酒を飲む障害者」「賭け事をする障害者」にイメージギャップを感じたのでしょう。

言うまでもありませんが、障害者にもいろいろな人がいます。「障害者＝聖人君子」ではありません。ポジティブな人もいればネガティブな人もいる。純粋な人もいれば不純な人もいる。優しい人もいれば、いじわるな人もいます。障害という特性以外は、健常者と何ら変わりありません。

まずは凝り固まったイメージを壊すこと。多様な人材が輝けるチームづくりは「障害者だっていろんな人がいる」というあたりまえに気づくことから始まります。

ときには障害者を見下したり、差別的な対応をしたりする人もいます。私も、道を歩いていて邪魔者扱いされたり、レストランやお店で子ども扱いされたりすることが、ごく稀にあります。差別を一度も経験したことがない障害者は一人もいないのではないかとさえ思うほどです。

企業における差別でよく問題にされるのが、知的障害者に対して「子ども扱い」してしまうことです。人間には相手にあわせて対応する「同調反応」があり、つい知的障害者の喋り方を真似てしまったり、よかれと思ってまるで幼児にするように応対してしまったりすることがあります。

働く知的障害者は、あたりまえですが、れっきとした大人であり、ビジネスパーソンとして対等に扱われるべき存在です。障害者は「子ども扱いされている」「健常者とは違う態度をとられている」ことを敏感に感じています。健常者に対しては確認や質問をしてから進めるような作業を、障害者には何の断りもいれず勝手にやってしまうことも、ある種の差別です。

「障害者に対してどのように接したらいいかわからない」「何が差別で、何が配慮なのか、判断がつかない」と言われることがよくあります。ただこれも、健常者と新しい人間関係を始めるときのことを思い浮かべてみてほしいのです。

あなたの部署に、健常者の新入社員が配属されたとします。初めて会った段階では、新人の性格や特徴、好ましいコミュニケーションのとり方はわかりません。一つひとつのやり取りを通じて、「○○が得意そうだ」「こういう指示の出し方のほうが理解しやすいだろう」と少しずつ相手を理解していくはずです。

障害者だからといってコミュニケーションにマニュアルがあるわけではありません。相手に対して容易にレッテルを貼らないことが肝心です。相手をよく観察し、ときに質問し、お互いを知り合いながら人間関係をつくっていくしかありません。

私の常識とあなたの常識は違う

障害者と人間関係を築いていく際に、必要以上に世話を焼き、自分を犠牲にしてまで親切にする「過剰な関わり方をする人」と、面倒なことに巻き込まれたくないと「無関心を貫く人」の両極端に分かれる傾向があります。

過剰でもなく無関心でもなく中庸が一番いいわけですが、お互いがお互いを知り、理解し、対等な立場で関係性を築いていくことは容易ではありません。

たとえばコミュニケーション一つをとっても、「話すことが好きか・聞くことが好きか」「口頭でのやり取りがいいか・メールやチャットがいいか」「プライベートな話題が得意か・仕事の話題が得意か」「休憩時間に話したいか・一人でいたいか」「仕事帰りの飲み会に参加したいか・早々に帰宅したいか」など志向が異なります。

まずは「違い」を自覚し、認めることです。違いを自覚して初めて、相手に合わせることも可能になります。相手がどんなやり取りを好むのかを知り、相手を基準にコミュニケーションをとれば、余計な詮索や心配をせずに済みますし、人間関係もよりスムーズになるでしょう。
社員一人ひとりが、相手に合った行動をとれる組織があったとしたら、それはとても居心地のよい職場です。

障害者とのコミュニケーションで、「これまでの常識がまったく通用しない」と感じる場面があるかもしれません。健常者同士のコミュニティで生じる「常識の差」よりも、障害者を含めたコミュニティで生じる「常識の差」のほうが大きいからです。正直イラッとしたり、抗議したくなったりすることもあるかもしれませんが、そんなときこそお互いの常識を知るチャンスです。
「なぜ、そう思ったの?」「なぜそのような行動をとったの?」とストレートに聞いてみましょう。「お互いに気持ちよく仕事をするためにあなたのことを知りたい」という心持ちでコミュニケーションを図れば、徐々に常識の溝が埋まっていきます。問題をそのままにせず、勇気をだして、一歩ふみこんでみることです。

重度障害者の介護をしていた女性からこんな話を聞いたことがあります。

彼女がお世話をしていた重度障害者は、食べることがままならず、胃ろうの処置をしていました。彼女は、重度障害者の前でお昼ごはんを食べていいものか迷いました。「目の前で食べる姿を見たら気を悪くするかもしれない」「食べ物の話題も避けたほうがいいかな」と感じていたのです。

しかし、彼女が世間話をしているなかで知ったのは、その障害者は「YouTubeで料理番組や食レポの動画を観るのが大好き！」という事実でした。その情報を知ってからは、食べ物の話題を出すことも気にならなくなりました。「どんなデザートが好き？」という話題で盛りあがったこともあります。本人に聞いてみなければ、相手が好きなことや、ましてや嫌いなことなんてわからないのです。

「この障害を持っていれば○○かもしれない」とイメージで捉えず、一人の人間として真正面から向き合ってみることが大切だと感じました。そうすれば、今よりもさらに楽しく、もっといい人間関係が築けそうです。

障害をオープンにするほど定着率は高まる

興味深いデータがあります。独立行政法人高齢・障害・求職者雇用支援機構が行った「障害者の就業状況等に関する調査研究（２０１７）」で求人種類別に「職場定着率」を聞いた結果が出ていました（表12）。

この調査では、「障害者求人」「障害を公開して応募した一般求人」「障害を公開せず応募した一般求人」を比較し、それぞれの定着率の推移を紹介しています。

入社1年後に定着率が最も高いのは、「障害者求人に応募した方」で70・4％でした。次いで高いのは、「障害をオープンにして一般求人に応募した方」で49・9％。「障害を持っているけれども障害があることを公開せず一般求人に応募した方」が最も低く30・8％という結果になりました。

表12　障害者の職場定着率（求人職種別）

独立行政法人高齢・障害・求職者雇用支援機構「障害者の就業状況等に関する調査研究（2017）」をもとに作成

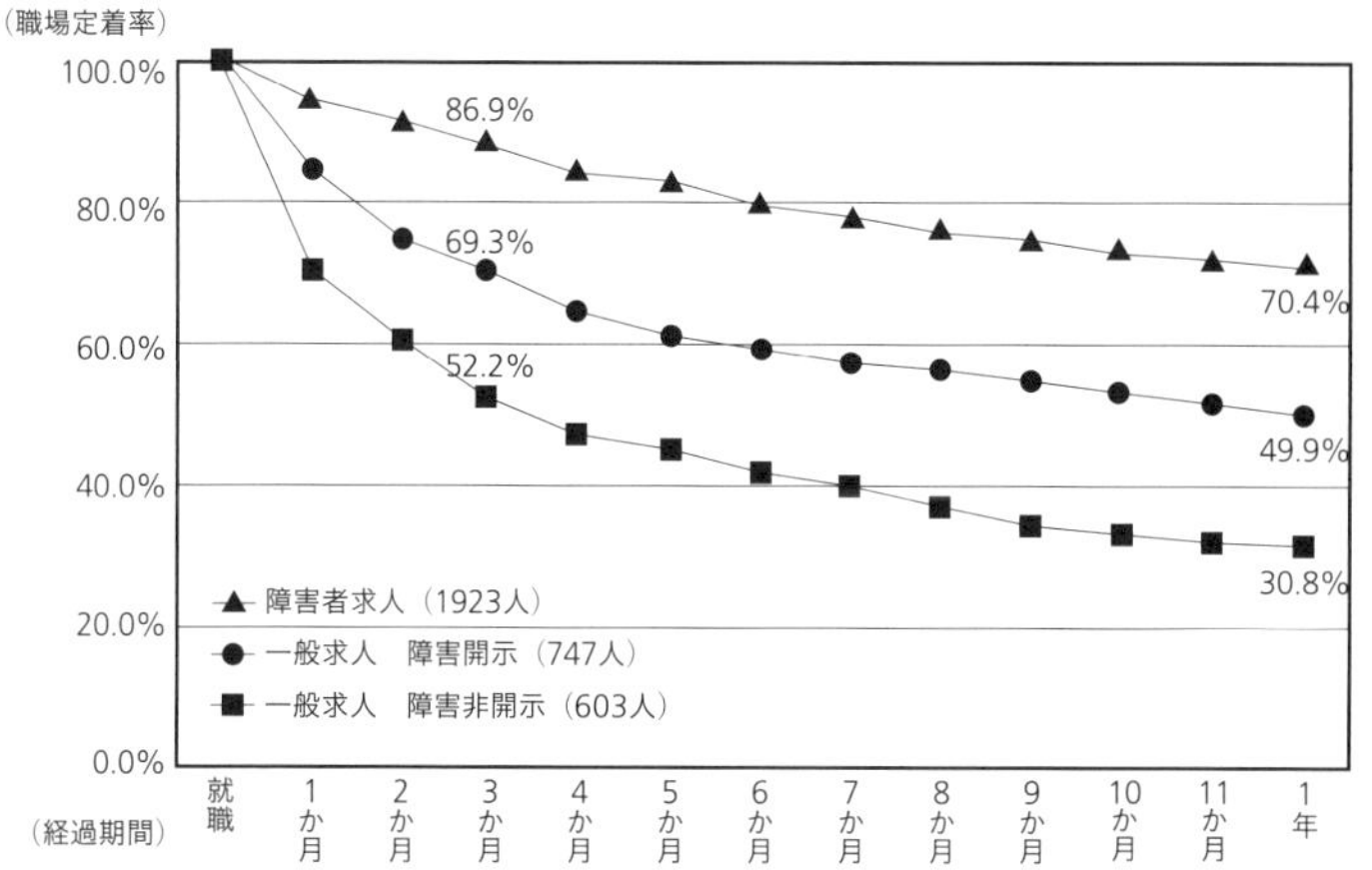

入社1年後以降の推移はわかりませんが、このデータからは「障害をオープンにしている人ほど定着率が高い」という結果が見てとれます。

身体障害・知的障害・精神障害など障害別に見た同様の調査でも、この傾向は同じでした。

なぜ障害を公開している方のほうが定着するのでしょうか。

推測になりますが、障害をオープンにし、適切な配慮がされる環境下で雇用されるほうが、やはり働きやすいといえそうです。障害が気づかれないように注意しながら働き続けるのは精神的な負担になります。

企業の人事担当や現場のマネージャーにぜひ知っておいてほしいのは、障害者のなかには、障害を公開せずに働いている方も多いということです。

会社には申告していないけれど障害者手帳を持っている人、障害者手帳を取得していないけれど病院に通院している人が実は少なくありません。その可能性をふまえると、公表している障害者だけを特別扱いしたり、配慮したりする環境は望ましくないとわかります。全従業員にとって働きやすい環境をつくることが重要です。

また、障害者の法定雇用率を達成したいからといって、「あなたは障害者手帳を持っていますか」と尋ねるのには問題があります。

障害者であることの把握・確認については、厚生労働省が「プライバシーに配慮した障害者の把握・確認ガイドライン」を示しています。このガイドラインでは、個別での確認は控え、あくまで従業員全員に画一的な手段で申告を呼びかけることを原則としています。

なお、画一的な呼びかけ方法は次のとおりです。

・労働者全員が社内ＬＡＮを使用できる環境を整備し、社内ＬＡＮの掲示板に掲載する、または労働者全員に対して一斉にメールを配信する。
・労働者全員に対して、チラシ・社内報などを配布する。
・労働者全員に対する回覧板に記載する。

障害者と思われる労働者のいる部署に対してのみチラシや社内報を配布するなどの行為も不適切とされています。くれぐれも個別での確認を行わないように注意してください。

注目が高まる「精神障害者」の採用

平成30年4月から障害者雇用義務の対象に「精神障害者」が加わりました。ハローワークの職業紹介状況（表13）を見ても、「職を求める精神障害者数」「精神障害者を雇用する企業数」共に、右肩あがりで伸びています。

表13　ハローワークの職業紹介状況［精神障害者］

厚生労働省「障害者の職業紹介状況等」（平成30年度）をもとに作成

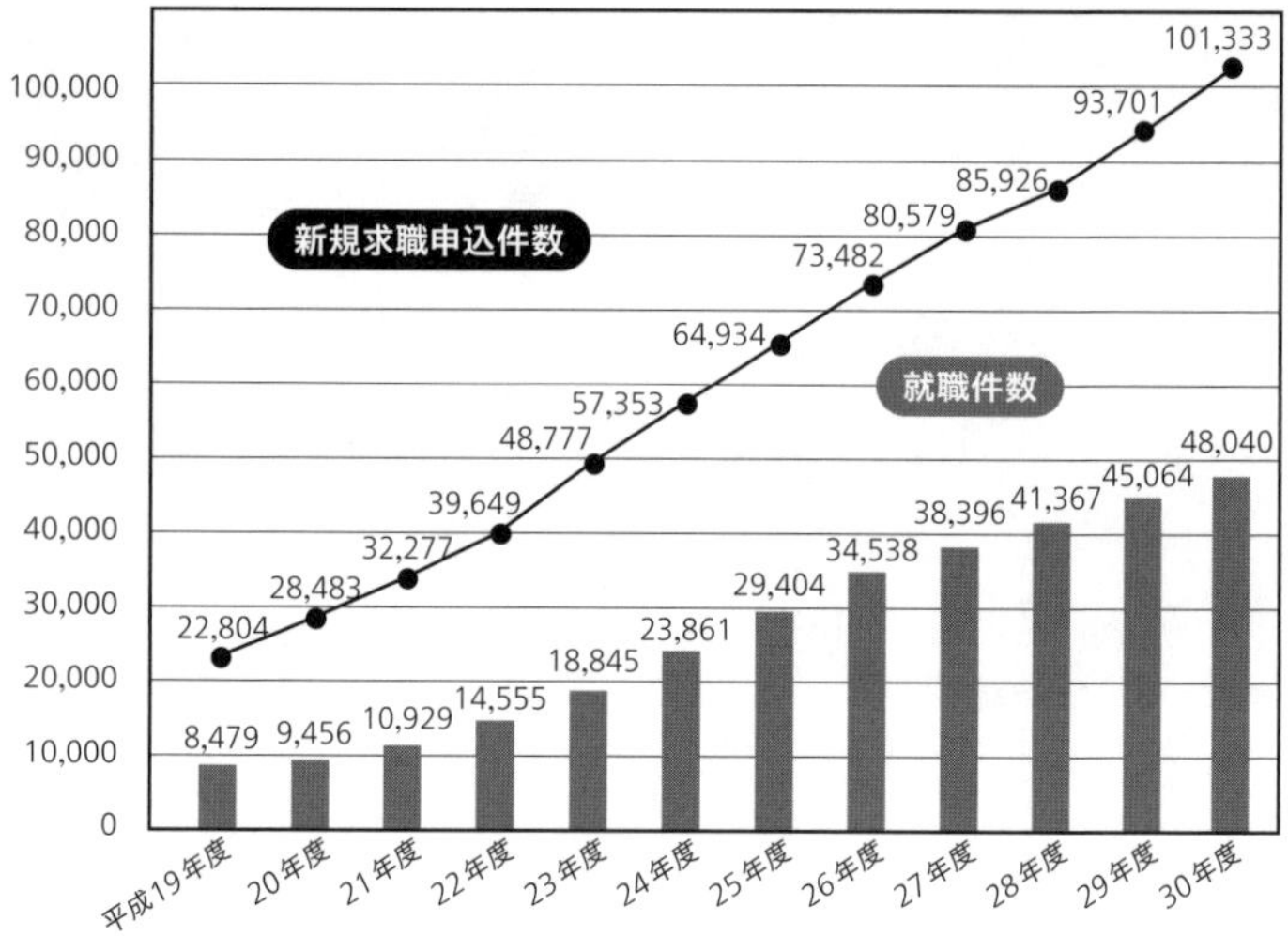

精神障害者を雇用する企業は着実に増えていますが、まだ企業側にも精神障害者雇用のノウハウがなく、入社後の定着に結びつかずに苦労しているようです。

平成30年度の障害者雇用実態調査では、精神障害者の平均勤続年数は「3年2カ月」という結果が出ています。身体障害者の「10年2カ月」、知的障害者の「7年5カ月」と比べても低い数値です。

精神障害者は、体や心の不調に波があり、勤怠が安定しないといわれています。

週5日連続で会社に出勤すること自

体がまず大変です。ひとまずは仕事を少なくし、週5日出勤できることを目標にする、もしくは週5日出勤できなくてもいいとするなどの配慮が必要です。

冬が苦手・朝がツライなど個々人の特性を丁寧にヒアリングしたり、体調不良で出勤できない場合の連絡方法を事前に決めておいたりすると、お互いにとってストレスがないでしょう。

午前中ベッドから起きあがることができず、欠勤の連絡ができない人もいます。「電話1本くらいできるだろう」と思われるかもしれませんが、マナー違反でも怠けているわけでもなく、本当に体を動かせないのです。本人にできることを確認し、「○時までに連絡がなければ、こちらからメールします」「LINEのスタンプでも構わないので送ってください」など具体的な方法についてあらかじめ決めておくといいでしょう。

長時間労働や残業時間への配慮も必要です。平成28年度にハローワークに求職申し込みをした精神障害者のうち4割近くの方が、就業開始時の勤務時間として「週30時間未満」を希望していました（表14）。長時間労働が難しいと感じている人が、身体障害や知的障害者と比べて多いことがわかります。

表14　就業活動開始段階における就業希望時間

厚生労働省職業安定局「障害者雇用の現状等」（平成29年度）をもとに作成

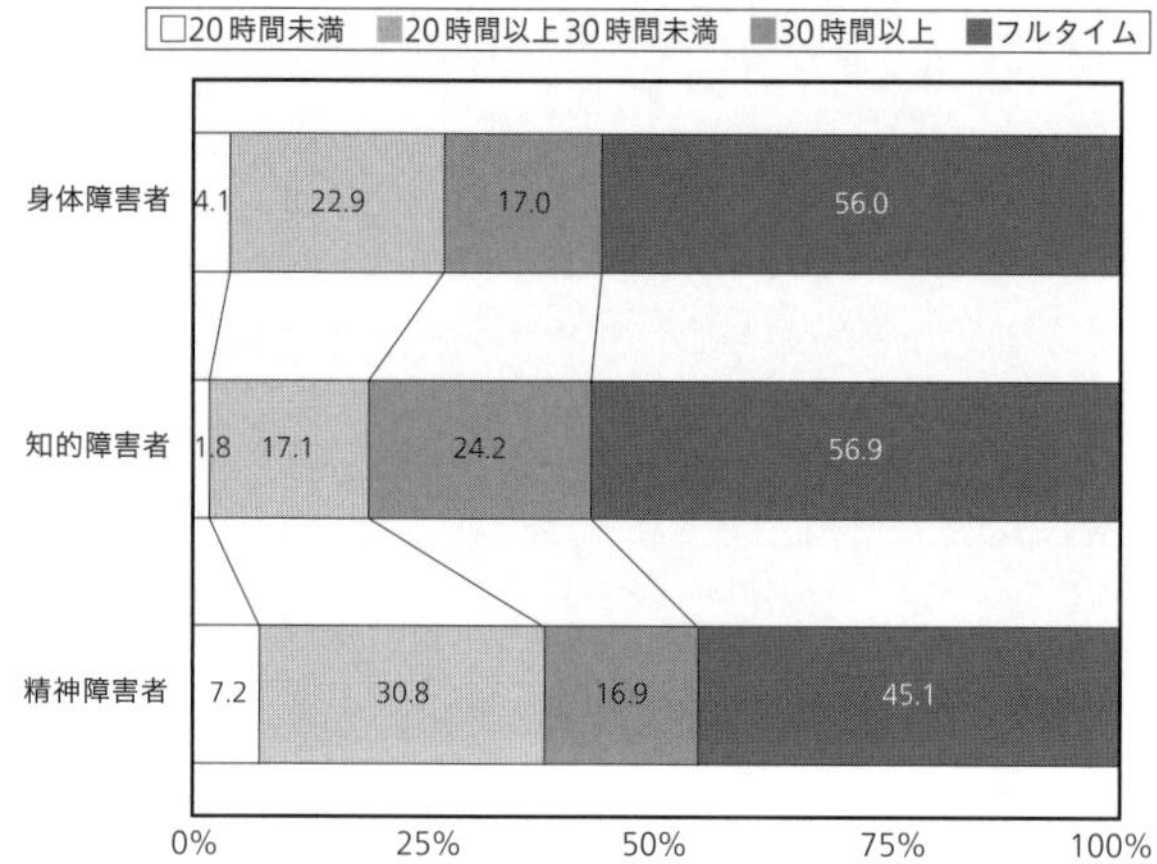

平成28年度にハローワークに求職申し込みを行った障害者の希望勤務時間（障害種別に希望時間別の割合を整理）

精神障害をお持ちの方とお話するなかでよく聞かれるのが「入社初日の自己紹介がつらかった」という声です。配属部署の社員、あるいは全従業員の前で新入社員として紹介され、ひと言挨拶しなければならないのが大変な負担だというのです。

「初日の挨拶のことを考えると前日眠れなかった」「あれは地獄だった」という人までいます。私はその話を聞いて、「ただでさえ緊張でいっぱいの初日に、人前で話すという苦手なことをさせるのも考えものだなあ」と思いました。もしもそこで、言葉が出てこなかったり、言い間違えたりしてしまったら、その失敗を何日も引きずることになってしまいます。あえてリスクのあることをわざわざさせなくても、新入社員の紹介は上司が行い本人は会釈だけする、もしくはメール等で済ませるという方法でもいいのかもしれません。

このほかにも、入社直後につらかった出来事として「電話応対」を挙げる人がいました。入社すぐのタイミングはあまり仕事がありませんからデスクに座っている時間が長くなります。すると「暇なら、かかってきた電話をとって」と言われてしまうのです。しかし多くの精神障害者にとって、入社直後の電話対応ほどハードルの高いものはありません。顧客や従業員の名前がわからないのはもちろん、いつ誰からどんな内容の電話がかかってくるのか予測できません。予測できない業務が苦手な方が多いですから、電話の取り次ぎは、実にストレスがかかる業務なのです。

また、精神障害がある方のなかには、オフィスにいる時間は緊張状態で、体がかたくなってしまっている人もいます。ある企業では、午後の仕事が始まるタイミングで、全員でストレッチをし、体を軽く動かす時間を設けているそうです。

体を動かすことで緊張を緩和したり、昼食後に服薬した影響で眠気がでるのを防いだりする効果があります。1時間働いたら10分休むなど物理的に緊張がほぐれる時間をつくることも有効です。

次に精神障害者に対する配慮の一例や、ハローワークなどが実施する雇用支援施策（表15）を紹介します。こちらも参考にしてみてください。

精神障害者に対する配慮の一例

□勤務日数・勤務時間が適切かどうかを確認する。
□通院・服薬ができているかどうかを確認する。
□欠勤時の連絡方法について決めておく。
□休憩できるスペースや設備を用意する。
□日報や面談などで体調の変化、仕事での困りごとをこまめに確認する。
□障害の程度にあわせて緊急性が高くない仕事を任せる。
□複数人でチームを組み、誰かが休んでも困らない体制をつくる。
□専門職員による定期的な面談を実施する。

表15　精神障害者に対する主な雇用支援施策

厚生労働省「障害者雇用の促進について関係資料」（平成31年度）をもとに作成

精神障害者を対象とした支援施策	精神障害者が利用できる主な支援施策
①精神障害者雇用トータルサポーターの配置 ハローワークに「精神障害者雇用トータルサポーター」を配置し、精神障害者等の求職者に対してはカウンセリング等、事業主に対しては課題解決のための相談援助等の専門的な知見に基づく支援を実施。	**①ハローワークにおける職業相談・職業紹介** 個々の障害者に応じた、きめ細かな職業相談を実施するとともに、福祉・教育等関係機関と連携した「チーム支援」による就職の準備段階から職場定着までの一貫した支援を実施。あわせて、ハローワークとの連携のうえ、地域障害者職業センターにおいて、職業評価、職業準備支援、職場適応支援等の専門的な各種職業リハビリテーションを実施する。 **②特定求職者雇用開発助成金** ハローワーク等の紹介により継続して雇用する労働者として雇い入れる事業主に対して助成。
②精神障害者に対する総合的雇用支援 地域障害者職業センターにおいて、主治医等との連絡のもと、新規雇い入れ、職場復帰、雇用継続に係るさまざまな支援ニーズに対して、総合的な支援を実施（全国47センターで実施）。	**③障害者トライアル雇用事業** ハローワーク等の紹介により、障害者を事業主が試行雇用のかたちで受け入れることにより、障害者雇用についての理解を促し、試行雇用終了後の常用雇用への移行を進める。また、精神障害者等については、雇い入れ当初は週20時間未満の就業から開始する短時間トライアル雇用を実施。 **④障害者雇用安定助成金（障害者職場定着支援コース）** 障害特性に応じた雇用管理・雇用形態の見直しや柔軟な働き方の工夫等の措置を講じる事業主に対して助成を行う。
③精神・発達障害者しごとサポーターの養成 広く一般労働者を対象とし、職場において精神・発達障害者を支援する応援者を養成し、職場における精神・発達障害者を支援する環境づくりを推進する。	**⑤職場適応援助者（ジョブコーチ）支援事業** 障害者が職場に適応できるよう、地域障害者職業センター等に配置されているジョブコーチが職場において直接的・専門的支援を行うとともに、事業主や職場の従業員に対しても助言を行い、必要に応じて職務や職場環境の改善を提案する。 **⑥障害者雇用安定助成金（障害者職場適応援助コース）** 企業に雇用される障害者に対してジョブコーチによる援助を提供する社会福祉法人等の事業主（訪問型）や自社で雇用する障害者に対してジョブコーチを配置して援助を行う事業主（企業在籍型）に対して助成を行う。
④医療機関とハローワークの連携による就労支援モデル事業 就労支援プログラムを実施する医療機関とハローワークが連携した就労支援を実施するとともに、当該医療機関との信頼関係を構築する（平成30年度より全国で実施）。	**⑦障害者就職・生活支援センター事業** 雇用、保険、福祉、教育等の地域の関係機関の連携の拠点となり、障害者の身近な地域において、就業面および生活面にわたる一体的な支援を実施（平成30年4月現在、334か所）。 **⑧医療機関等との連携による就労支援セミナー等** 利用者および職員向けに就職活動に関する知識等についてセミナーを実施することにより、就職に向けた取り組み、支援を的確に行えるよう援助。

実際にあった、障害者採用のトラブル

障害者を雇用した際、最初からすべてがうまくいくとは限りません。それぞれの組織でトライ＆エラーを繰り返しながら、理想の組織をつくりあげていく必要があります。

ここでは実際にあった、障害者を雇用した職場でのトラブル事例をご紹介します。

(1) 共有スペースを汚したのは誰!?

発達障害の男性Aさんが、ある職場に入社しました。配属されたのは、女性ばかりの事務職チームです。

あるとき、その職場で給湯室が汚れたまま放置される問題が起きました。すると同僚が、「給湯室を汚したのはAさんではないか」とうわさ話を始めたのです。

チームの不穏な雰囲気を感じたマネージャーは、チームのメンバーを呼びだし、「なぜ根拠もないのに、そのような話をするのか？」と聞きました。すると同僚たちの口からは、次々とAさんへの苦情が飛びだしたのです。「仕事は問題なくやれるようなのに、彼だけ仕事が少なくてずるい」「仕事の途中でふらりとどこかに消えて、15分以上帰ってこない」「仕事のしわ寄せが私たちにきている」「障害者なのだから給湯室を汚したのも彼に違いない」……給湯室の問題とは別のところで、もともとAさんへの不満が溜まっていたのでした。

マネージャーは、チームメンバーに対してAさんの詳しい障害内容を伝えていなかったことを後悔しました。Aさんの了承を得て、「一見私たちと変わらないように見えるが、これ以上の業務量を担当するのは難しいこと」「障害の性質上、休憩時間が必要なこと」「発達障害だからといって給湯室を汚したのが彼だとは断定できない」旨を伝え、既存のメンバーだけに仕事が偏らないようにすることを約束しました。

ちなみに給湯室を汚したのはAさんではなかったそうです。障害者に対してほかの従業員が不公平感を持つのはよくあるケースです。不満が積み重なり、うわさ話やいじめに発展することもあります。

(2)休日にまで長文メール！　マネージャーの悲鳴

マネージャーのBさんは、精神障害者である部下とのコミュニケーションに悩んでいました。ほかのメンバーと変わりなく接しているつもりなのですが「私だけが注意される」「ちゃんと仕事をしているのに認めてもらえない」など、たびたび抗議のメールが届きます。面談をすると話が終わらず、2時間ずっと聞き役にまわることも。とくに困っているのが、休日もおかまいなしに飛んでくるメールです。何回スクロールしても終わらない長文メールにうんざりしてしまいますが、返信しないとさらに機嫌がわるくなるため無視することもできません。

そんなある日、障害者からマネージャーBさんを中傷するメールが届きました。しかも宛先は、所属部署全員です。「このメールは何？」と部署全体がざわめきます。すると、Bさんの上司が一斉返信で「このメールの内容は事実と異なっている」と伝えてくれました。加えて、送り主の障害者に対して「このようなメッセージは部署全体宛てに送るものではない」と注意し、「個別に面談しましょう」と呼びかけてくれたのです。

精神障害者のマネジメントは難しいといわれますが、とくに被害妄想があったり、攻撃的なふるまいがあったりする場合には、一人のマネージャーでは対応しきれません。経営者やマネージャーの上司、産業医、心理カウンセラー、ジョブコーチなど複数の支援先が連携し取り組むことが大切です。一人のマネージャーだけに負担がかかれば、今度はそのマネージャーが精神を病んでしまいます。

なお、部下から長文メールが頻繁に送られてくる場合に、その都度すべてを読み込んで回答するのは大変です。返信する時間が限られているときには、相手から送られてきた文面の最後に注目します。最後に書かれている内容にだけひとまず返信し、時間があるときに面談などの機会を設けるといいかもしれません。もしくは、メールではなく日報に書いてもらう、面談の場でまとめて報告してもらうなどの方法もあります。いずれにしても、マネージャー自身の負担が重くなりすぎない方法を模索してみましょう。

(3)障害者のほうが高給なのは納得できません!

管理職として活躍していたCさんは、とても優秀な方でした。バリバリ働き、部下にも慕われていたCさんですが、脳梗塞を起こし半身まひに。認知機能や言語能力も低下してしまいました。やりたいけれど、できない。Cさんの葛藤を知っているだけに、まわりのメンバーもサポートを惜しみません。ただこの状況は長くは続きませんでした。Cさんの復帰当初、「これまでCさんにお世話になってきたから……」と言っていたメンバーも、サポート業務の負担が重なり、「私たちのほうが頑張っているのに、Cさんのほうが給料が高いなんて納得できない！」と言うようになってしまったのです。

従業員が、企業に雇用されている途中で障害者となった場合、「給与の降格措置がない」「仕事内容よりも社歴が優先される」などの理由で賃金が維持されるケースがあります。いつ誰がどのタイミングで障害者になるかわかりません。全員が納得する制度をつくることは難しいですが、定年の延長など人材の雇用期間が長くなっている今、従業員の業務遂行能力をふまえた制度設計が求められそうです。

(4)障害者同士のトラブル

マネージャーのみが健常者で、残りのメンバーが全員「聴覚障害者」というチームでの出来事です。

実は、このチーム内で一人の聴覚障害者が他のメンバーとの相性が合わず、浮いた存在になっていました。聴覚障害者同士は「手話」で会話をしていたため、健常者であるマネージャーはこの事実に気づきません。浮いていた聴覚障害者がマネージャーに訴えて、初めて明るみになったのです。

障害者同士のトラブルには、ほかにも次のような事例があります。

このチームは、聴覚障害者と精神障害者で構成されていました。しかし聴覚障害と精神障害の組み合わせの相性が非常にわるかったのです。

聴覚障害者のDさんは、声が聞きとりにくいこともあり、常に大きな声で話します。声のボリュームや威圧的な物言いがどれだけ相手にストレスを与えるか、あまりわかっていません。

健康な精神状態の人であれば、「耳が聞こえにくいから大きな声になるんだな」「言い方がキツイけれど仕方ない」と割りきれますが、精神障害者であるEさんにとっては苦痛以外のなにものでもありませんでした。「Dさんに罵倒された！」「Dさんはわざと私にだけ大きな声で話しかける」と思うようになっていったのです。次第にストレスで頭痛に悩まされるようになってしまいました。このチームのマネージャーは、二人を別のチームに引き離す判断をしました。

(5)何度注意しても寝てしまう

午後になるとデスクで寝てしまう障害者のFさん。昼食後の服薬で、どうしても眠気が出てしまいます。午後の時間帯は、数時間ほぼ仕事になりません。寝ている姿を見るたびにマネージャーがトントンと肩を叩いて起こします。ほかのメンバーも「あの人、また寝ている……」と気になって、集中できません。

寝ている姿を目にしたり、起こしたり、注意することがつらくなったマネージャーは、上司と相談し、眠気が出てきたらFさんには休憩室に移動してもらい、30分～1時間仮眠をとってもらうことにしました。その時間、Fさんは仕事をできませんが、周囲への影響やマネージャーの負担を考えると、そのほうがいいと判断したのです。

中途半端に起こして何度も注意を繰り返すよりも、一度しっかり寝てもらい、その後効率的に仕事をしてもらうようにしました。その結果、マネージャーの負担が減り、一緒に働くメンバーからも不満の声はなくなったそうです。

(6)「ありがとう」って感謝しないとダメ？

社員のGさんは、上司から忘年会の幹事を頼まれました。Gさんの部署には車いすを使っている身体障害者のHさんがいます。

「Hさんも参加できるように、バリアフリーの店を探そう。多目的トイレもあったほうがいいいな」。そう考えたGさんは、一生懸命店を探しました。わざわざ店を訪れ、店内を見てまわります。忘年会シーズンだったこともあり店探しは難航しましたが、身体障害者のHさんも快適に過ごせそうなお店を予約することができました。

当日、Hさんが楽しく過ごしている様子を目にし、ほっとしましたが、Hさんからは御礼のひと言もありません。障害者に配慮して店を決めるのは当然という態度です。

「あんなに大変な思いをして店を探したのに、『ありがとう』もないのか……」とがっかりしてしまいました。翌日、身体障害者のHさんが出社すると、マネージャーは「Gさんに御礼を言うように。サポートしてもらえることはあたりまえじゃないんだぞ」と言いました。

この話を聞いて、あなたはどう感じたでしょうか。確かに、支援してもらったら感謝の気持ちを伝えるほうが、いい人間関係を築けるのかもしれません。私自身も、このエピソードを聞いた当初は、「Hさんはマナーを知らない人なのかな」と感じました。

ただ、一方で、「支援をしたことをどう受けとめるかは、相手次第」という考え方に立つこともできます。相手の態度いかんで支援の内容を決めるのは本質ではありませんし、よかれと思ってしたことに対して感謝を要求するのも少し違う気がします。

障害や育ち方によっては「ありがとう」を伝えられない人もいますし、感謝の気持ちを持っているけれども態度で示せない人もいます。正解はありませんが、「支援の受け取り方は人それぞれ」という視点は、多様な価値観のなかで働くうえで大切な考え方かもしれません。

障害者雇用で実現する、風土改革

ここからは、障害者を雇用したことで組織に好影響があった事例をご紹介します。障害者が組織に加わったことでどのような化学反応が起こったのか。実際にあったエピソードを通して、あなたの会社ならどんな変化が起こりそうか、ぜひ想像してみてください。

（1）社員との向き合い方を変えた社長

ある企業の社長は、初めて知的障害者Aさんと面接で話したとき、こう思いました。「彼の言葉がまったく聞きとれない……」。

人事担当に「Aさんと会話が成り立たなかったけれど、採用して大丈夫かな？」と尋ねると、「私との面接ではコミュニケーションとれましたけど……」という反応です。

「おかしいな。聞きとれないのは私だけ？　私の聞き方がわるいのか？」と不思議に思った社長は、知的障害者の入社後、彼の隣りの席に座り、注意深く話を聞くようにしてみました。Aさんの話は、主語がなかったり、話題が大きく飛躍したりして捉えどころがありません。滑舌がわるく、聞きとりにくい部分もあります。

しかし「彼は何を伝えたいのだろう」と探るような気持ちで聞くと、徐々にAさんの話がわかるようになっていったのです。

社長は深く反省しました。「これまでどの社員も、社長の私と話すときには要点をまとめ、こちらがわかりやすいように端的に話をしてくれていた。私はそれに甘えていた。ときにはパソコンに顔を向けたまま話を聞くこともあった。話の要領を得ないときには、社員の伝え方がわるいと考えていたし、『もっとわかりやすく話して』と要望することもあった」

社長は、障害者と接する機会が増えるうちに、聞き方ひとつで関係性が変わることを実感したといいます。言外の意味を汲みとろうとする姿勢が高まり、健常者である社員とのやり取りにも変化があらわれました。

「社長の私には言いにくいこともあるでしょう。社員が私に話しかけてくれるとき、言葉をそのままうけとるのではなく、本当は何を考えているのかなと考えたり、行間にあらわれる思いを汲みとろうとしたりするようになりました」

(2)業務が整理され、残業時間の削減に成功

商社で事務スタッフとして働くB子さんは、障害者を新しく迎えるにあたって、業務マニュアルをつくることにしました。同じ仕事をしている事務スタッフで集まり、業務フローや仕事の仕方について話し合うと、それぞれが属人的なやり方をしていることが発覚。業務マニュアルをつくるにあたって、あらためて業務を整理しなおし、事務がやるべき仕事を定義しました。加えて、それぞれが行っている仕事のコツや、スピーディに作業を進めるための工夫を聞いてまわり、業務マニュアルに書き加えたのです。

無駄のない業務フローと効率化のための工夫を共有し合えたことで、なんと既存の事務スタッフの残業時間まで削減されました。これまで新人が配属されると、教育担当の先輩

がつきっきりで教えていましたが、業務マニュアルができたことで指導時間の短縮化にも成功したそうです。

(3)情報共有が活発になり、横のつながりが生まれた

シフト勤務を行っている会社が知的障害者、精神障害者を雇用したときのことです。

障害者の場合、体調やコンディションにより仕事のパフォーマンスが大きく変わります。そこでマネージャーのシフト交替時、これまでは業務上の簡単な引き継ぎを行うだけでしたが、障害者のちょっとした変化や気づいたことを共有し合うようにしました。

「Cさん、今日は少し調子がわるいみたいだから、負荷がかかりすぎないように注意してみてもらえますか?」「Dさん、かなり頑張っていますよ〜! もう○○のタスクまでできるようになっています」「以前教えてもらったEさんの心配事ですが、大丈夫そうでした」など自分が担当しているときの様子を積極的に共有するようになったのです。

最初は障害者についての情報共有がメインでしたが、徐々に健常者社員の様子についても伝え合うようになったといいます。今では、情報をオープンにすることがあたりまえに

なり、風とおしのよい組織になりました。

管理職同士の会話が増えたことで、「□□のプロセスを改善したほうがいいのではないか」「新しいツールの導入を検討しているんですけど、相談に乗ってもらえますか？」など業務改善や課題解決につながる意見交換も増えたそうです。

（4）自ら進んで助け合う、失敗を許す受容力の高い組織に

報道番組で取材VTRが紹介されていた事例です。指先のみを動かせる重度障害者のFさんは、ある企業に新卒として入社しました。パソコン操作が得意なため、従業員の勤怠管理や給与計算を任されるように。移動は電動車いすで行い、昼食やトイレの介助は会社が補助しているヘルパーに手伝ってもらっています。

ただ、ヘルパーは時間限定での契約のため、普段の仕事生活においては、他の従業員に介助を頼む必要があります。たとえば「家から持ってきた荷物をロッカーにしまう」「のどが渇いたときに飲み物を口元まで持ってきてもらう」などの支援をお願いしています。

Fさんはいつも笑顔で明るく、ひたむきに頑張る人柄のため、みんなFさんが大好きです。周囲の人は「困っていることはないかな？」とFさんの言動を見守り、気遣っています。Fさんも、「働けるチャンスをもらえたことが嬉しい。みんなの役に立てるよう頑張りたい」と語ります。

Fさんの近くを立ち寄った社員が「珈琲、飲みますか？」と声をかけ、口元までカップを運んであげるのが日常の風景となったころ、社内の雰囲気が少しずつ変わり始めました。一人ひとりが自然と周囲を気にかけ、それぞれに関心を持つようになったのです。自ら進んで、他の社員を助けようとするようになりました。できるだけわかりやすく説明しようと心がけるようになりました。「Fさんがこんなに頑張っているのだから、私も頑張らなきゃ」と奮起する社員もいます。それぞれが自分の役割を全うし、できないことは助けてもらえばいい。失敗しても、ギスギスせず、またチャレンジすればいい。Fさんの会社には、〝お互いさま〟の精神が根づいています。

(5)障害者定着のための取り組みが、女性活躍を推進

あるメーカーでは、法定雇用率達成のため、障害者採用に積極的に取り組んでいました。身体障害者、知的障害者、精神障害者がそれぞれ定着・活躍するために、社内体制を整備。フレックスタイム制や時短勤務制度、在宅勤務制度を新たに導入しました。時短勤務者の賃金や評価制度をどう設計するか。在宅勤務の場合には、仕事の成果をどう図るのか。すでに同様の取り組みを始めている企業に話を聞いたり、セミナーに参加したり、トライ&エラーを繰り返しながら、少しずつ体制を整えていったのです。

障害者定着のための取り組みでしたが、採用難の今、この取り組み事例が役立っているといいます。同社では「女性活躍」を掲げ、これまで少なかった女性社員の採用を積極的に行うようになりましたが、「フレックスタイム制や時短勤務制度」が、採用上の魅力となり、女性の採用に成功しているとのこと。また育児休暇復帰後の女性が、在宅勤務をする場合にも、過去の取り組みがノウハウとなり、スムーズに進んでいるといいます。

(6)障害者の活躍が新たなビジネスに

重度の知的障害者を雇った部品メーカーでは、「彼の給料分の利益を生むためには、何を任せたらいいだろう」と思案しました。試しにパソコンを触らせたところ、こちらの指示どおりに作業をすることができます。そこで社員の名刺づくりを任せてみることにしました。

社員の名刺は外注していましたが、会社に印刷機があったため、パソコンでデザインさえできれば内製化できます。名刺には「社内で働いている重度知的障害者が作成しました」という文言も小さく書き加えました。

あるとき、会社の営業担当が市役所の職員と名刺交換したとき、「重度障害の方が名刺をつくっているのですね」と話題になりました。するとその職員が、「私たちの名刺もつくってもらえませんか？」と提案してくれたのです。

一人また一人と発注者が増え、なんと市長までもが、その会社が制作した名刺を使うようになりました。今では名刺事業は、同社における立派なビジネスです。

外注していた名刺制作費のコスト削減だけではなく、利益まで生むようになりました。

取引先企業からの発注もあり、営業担当は、できあがった名刺を届けるのを口実に訪問し、自社の製品の営業もかけているそうです。

一人の障害者の活躍がビジネスに好影響をもたらしています。

誰もが働きやすい職場・生きやすい社会へ

障害者をまだ雇用したことのない会社の方と話をすると、「障害者を雇用するのは大変そう」「なんでわざわざ障害者を採用しなきゃいけないの」という反応が返ってくることがあります。

障害者と触れ合ったことがない方は、障害者についての知識を持ち合わせていません。知らないからこそ怖いし、会社にどんな影響が出るのか心配になるのでしょう。

一方、障害者雇用を積極的に行っている会社の方と話をすると、決まって言われるのが「障害者も健常者も変わらない」「社員のことを障害者という目で見ていないんだよね」という言葉です。

一緒に働けば、障害者も健常者も変わりがなくなる。障害者・健常者という枠組みがなくなる。

最終的には、「得意なことや苦手なこと」「好きなことや嫌いなこと」「配慮すべきこと」は社員一人ひとり違うという結論に行きつくのです。


今回、この本を制作するにあたって、障害者採用に真摯に取り組んでいる複数の企業に改めてお話をうかがいました。

「障害者を雇うことで、会社にどんな変化が起きましたか」

私のこの質問に対して、すべての企業でほとんど同じ答えが返ってきました。

「社員が優しくなりました」「会社の雰囲気が柔らかくなりました」

あまりにみなさんが同じ回答をされるので、私自身、驚いてしまったほどです。


障害者を仲間に迎えることで、これまでの常識やルールがあたりまえではなくなった。コミュニケーションを密にとるようになり、小さな変化に目を向けるようになり、お互いに関心を持つようになった。風とおしのいい組織になって、チームワークがよくなった。

「人に優しい会社になった」
私はこの言葉を聞いて、改めて障害者雇用の価値や、多様な組織づくりの意義を感じました。

障害者雇用がうまくいかない会社は、障害者を区別し、特別扱いする会社です。

経営者や企業人事が積極的に関わろうとしない。はれものに触るように扱う。「障害者に仕事を教えるのが面倒くさい」「障害者だからできなくても仕方がないよね」と、障害者と健常者のあいだに明確なラインを引いてしまいます。

法定雇用率を達成するための手段としてしか障害者雇用を捉えることができません。

この意識を変えなければ、障害者が定着し、活躍しつづけられる組織をつくることはできないでしょう。ましてや障害者雇用をきっかけに組織に化学変化を起こすことなどできるはずがありません。

障害者雇用を重要な経営戦略だと捉えることから始めてみましょう。

企業経営者、人事担当者、現場のマネージャー、従業員が一致団結し、社員の強みや個性が最大限発揮される、人も組織も成長する新しい職場をつくりあげていきましょう。

それが、一人ひとりの価値が認められ、苦手なことが配慮される、生きやすい社会へと繋がっていくはずです。


あなたの会社の「障害者雇用」からその一歩は始まります。

障害者と健常者が肩をならべて働く日常があたりまえになる日がきっときます。

「障害者雇用」や「法定雇用率」という言葉がなくなる社会を共に目指してみませんか。

第5章

知っておきたい、障害者雇用の法律と知識

基礎から確認！　法定雇用率制度とは

民間企業や国、地方公共団体は、「障害者の雇用の促進等に関する法律」に基づき、従業員の一定割合（＝法定雇用率）以上の障害者を雇用することが義務づけられています。これを「障害者雇用率制度」といいます。

法定雇用率は、事業主区分によって定められ、民間企業（45.5人以上の規模の企業）は「2.2％」、国・地方公共団体等は「2.5％」、都道府県等の教育委員会は「2.4％」となっています。

この法定雇用率は今後引き上げられることになっており、2020年度末までに、民間企業は「2.3％」、国・地方公共団体等は「2.6％」、都道府県等の教育委員会は「2.5％」になることが決まっています。

雇用率の対象となるのは、身体障害者（身体障害者手帳1～6級に該当する者）、知的障害者

表16　実雇用率の計算式

$$\text{実雇用率} = \frac{\text{雇用する身体障害者、知的障害者および精神障害者である常用労働者の数}}{\text{雇用する常用雇用労働者の数}}$$

（療育手帳を持つ者もしくは児童相談所などで知的障害者と判定された者）、精神障害者・発達障害者（精神保健福祉手帳の交付を受けている者）です。

実際に雇用されている障害のある人の割合を「実雇用率」といいます。実雇用率は表16の計算式により算出されます。

表16にある「常用雇用労働者」とは、継続的に雇用されており、1週間の所定労働時間が20時間以上の人を指します（1週間の所定労働時間が20時間以上30時間未満の方は短時間労働者と呼ばれます）。つまり、週20時間未満で働いている方は、法定雇用率にカウントされないことになります。常用雇用労働者には正社員、契約社員はもちろん、パートやアルバイトの方も含まれます。

実雇用率の計算式の分子である「障害者である常用労働者の数」はカウントの方法に決まりがあり、表17のように算定されます。

表17　障害者雇用における障害者の算定方法

障害者雇用率制度や障害者雇用納付金制度では、雇用する障害者の数を、下表のように算定します。

週所定労働時間	30時間以上	20時間以上30時間未満
身体障害者	1	0.5
重度	2	1
知的障害者	1	0.5
重度	2	1
精神障害者	1	0.5

特徴的なのは平成30年4月1日から精神障害者の職場定着を促進するため、精神障害者の短時間労働者に関する算定方法が変わったことです。

精神障害者である短時間労働者（週の所定労働時間が20時間以上30時間未満）で、「雇い入れから3年以内または精神障害者保険福祉手帳取得から3年以内の方」かつ「令和5年3月31日までに雇い入れられ、精神障害者保険福祉手帳を取得した方」は、雇用率算定方法が1人につき「0.5」から「1」に変更されています。従来よりも、精神障害者の短時間労働者を雇用しやすくなっているのです。

個人的には、「週20時間未満の方も対象にしてほしい」という考えがあり、労働時間に規定されない働き方ができる社会になることを望んでいます。

雇用率を達成しないとどうなる？　障害者雇用納付金制度とは

障害者雇用促進法の対象となる事業主が雇用状況の報告を行わなかったり、虚偽の報告をしたりした場合には30万円以下の罰金を支払わなければなりません。

また、実雇用率が著しく低い事業主には、「障害者雇入れ計画」の作成命令が発出され、指導が行われます。指導をおこなってもなお、改善がされない場合には、企業名が公表されることもあります。

罰金とは別に、法定雇用率を達成していない事業主から「障害者雇用納付金」を徴収する制度があります。反対に、法定雇用率を超えて対象障害者を雇用している事業主には「障害者雇用調整金」や「報奨金」、各種助成金が支給されます。これが「障害者雇用納付金制度」です。

常用労働者100.5～200人の事業主で法定雇用率を下回った場合、不足1人あたり月額4万円、200人を超える事業主であれば不足1人あたり5万円の納付が義務づけられています。

一方、常用労働者100人超の事業主で、法定雇用率を超えて障害者を雇用した場合、法定雇用率を超えて雇用している障害者数に応じて1人につき月額2万7000円の障害者雇用調整金が支給されます。常用雇用している労働者数が100人以下の事業主で、各月の雇用障害者数の年度間合計数が一定数を超えて障害者を雇用している場合は、その一定数を超えて雇用している障害者の人数に2万1000円を乗じて得た額の報奨金が支給されます。

法定通りに障害者雇用をしているかどうかは、その企業が社会的責任を果たしているかと同義です。そして本書でお伝えしてきたとおり、障害者雇用には法定雇用率達成以上の価値があります。障害者雇用ができないのであれば「納付金」を支払えばいいというのではなく、この機会にぜひ障害者雇用の意義について考えていただきたいと思います。

障害者の就労には「一般就労」と「福祉的就労」がある

障害者の就労には「一般就労」と「福祉的就労」があるのをご存知ですか。「一般就労」とは、企業や公的機関などに就職して、労働契約を結んで働く一般的な就労形態のこと。それに対して、一般企業での勤務が難しい方が、就労継続支援事業所などで援助されながら働く就労のことを総じて「福祉的就労」と呼びます。

一般就労に従事する方が「労働者」であるのに対して、福祉的就労に従事する方は「労働者であり福祉サービスの利用者でもある」というのが特徴です。福祉的就労では、労働はあくまでも福祉サービスや訓練の一環。勤怠や作業量などは利用者の希望によって決められます。一般就労と比較しサポートが手厚く、障害に対する理解や配慮が行きとどいた環境で働けることがメリットです。反対に、一般就労と比較し、「健常者との交流が少ない」「給与が低い」「ビジネスについて学べる機会が少ない」などのデメリットがあります。

福祉的就労を代表する就労継続支援事業所にも「就労継続支援A型事業所」と「就労継続支援B型事業所」の二種類があります。A型とB型の主な違いは、雇用契約の有無です。A型事業所で働く場合、障害者は事業所と雇用契約を結びます。雇用契約を結ぶということはつまり、労働法の適用を受け、労働者として保護されるということ。そのため各都道府県で定められた最低賃金が保証されます。一方、B型事業所で働く場合は、障害者は事業所と雇用契約を結ばないため、最低賃金は保証されず、行った作業に対する賃金だけが支払われます。B型事業所での平均賃金・工賃額が月1万6118円（平成30年度／厚生労働省発表）と低い額となっているのもそのためです。

民間企業などで一般就労している障害者数は約53.5万人（平成30年6月1日時点）。就労継続支援A型事業所で働く障害者は約6.9万人、就労継続支援B型事業所は約24万人（いずれも平成30年3月時点）となっています。

民間企業が、障害者の面接を行った際、「不採用にしてしまうと、この方は働く場所を得られないのではないか」と心配される経営者や人事担当者もいますが、障害者には企業で働く道だけではなく、就労継続支援事業所などで働く道もあります。

また、就労継続支援事業所で経験を積まれた方が、一般企業での就労に切り替えたいと就職活動を行っているケースもあります。

「特例子会社」設立の是非

特例子会社とは、障害者の雇用の促進と安定を図るために設立された子会社のことです。

一定の要件を満たす場合には、特例としてその子会社に雇用されている労働者を親会社に雇用されているものとみなし、実雇用率を算定することができます。

特例子会社を持つ親会社については、関係する子会社を含め、企業グループによる実雇用率算定が可能となっています。

従業員数が多い大手企業では、継続して法定雇用率を達成することを目的に特例子会社を設立するケースがあり、現在、日本に存在する特例子会社数は令和元年6月時点で517社です。

特例子会社に認定されるためには、主に次の要件を満たす必要があります。

・親会社が当該子会社の意思決定機関を支配していること（株主総会で子会社の議決権の過半数を有していることなど）。
・親会社から役員が派遣されているなど、親会社との人的関係が緊密であること。
・5人以上の障害者が雇用され、全従業員に占める障害者の割合が20％以上であること。
・雇用される障害者に占める重度身体障害者、知的障害者および精神障害者の割合が30％以上であること。
・設備を整えるなど、雇用管理を適正に行うに足りる能力を有していること。
・障害者の雇用促進および安定が確実に達成されると認められること。

特例子会社の設立は、事業主にとって「障害特性に配慮した仕事を確保できる」「職場環境の整備がしやすい」「設備投資を集中できる」「親会社と異なる労働条件を設定でき、弾力的な雇用管理が可能になる」などのメリットがあります。障害者にとっても雇用機会が拡大され、障害者に配慮された環境下で働ける利点があります。

しかし、もしも企業が法定雇用率達成のために障害者を隔離して雇用しようという発想で特例子会社を設立するのであれば、ダイバーシティ&インクルージョンの視点において疑問が残ります。また、特例子会社単体で黒字化する企業は少なく、雇用されている障害者の給与や待遇があがりにくい側面もあります。

重度障害を持つ方が、「面接を受けると、特例子会社ありきで話が進んでいくのが悲しい。社会とかかわりながら働きたいと思っているのに」と話してくれたことがあります。特例子会社であっても、社会の一員として働いていることには変わりがなく、それぞれのメリットがあることを十分認識していますが、一方で健常者のなかでさまざまな刺激を得ながら成長していきたい思いも理解できます。

「障害者雇用促進法」の改正で何が変わった？

平成28年4月に「障害者雇用促進法」が改正されました（一部施行は平成30年4月）。「障害者雇用促進法」は、昭和35年に制定された「身体障害者雇用促進法」がもとになっており、名称を含む数多くの改正を経て現在にいたっています。

平成28年4月の改正では「障害者に対する差別禁止」「合理的配慮の提供義務」が盛りこまれました。必要があると認められた場合には、厚生労働大臣から事業主に対して助言や指導、勧告を実施するとあります。

障害者差別の禁止とは

募集・採用、賃金、配置、昇進などの雇用に関するあらゆる局面で障害者であることを理由に差別することを禁止しています。

差別の例

・障害者だからという理由で求人への応募を認めないこと。
・業務遂行上必要ではない条件をつけて、障害者を排除すること。
・労働能力などを適正に評価することなく、障害者だからという理由で異なる取り扱いをすること。
※障害者に対して障害のない人とは異なる取り扱いを行ったとき、その取り扱いに合理的な理由が認められる場合は禁止の対象とはなりません。
※どのようなケースが差別にあたり、どのような理由が合理的と認められるのかについては、事業主と本人で話し合う必要があります。

合理的配慮の提供義務とは

事業主は過重な負担にならない範囲で、障害者が安心安全に働けるよう「合理的配慮」

をする必要があります。

合理的配慮の例

・視覚障害がある方に対し、点字や音声などで採用試験を行うこと。
・知的障害がある方に対し、図などを活用した業務マニュアルを作成し、業務指示は内容を明確にして一つずつ行うなど、作業手順をわかりやすく示すこと。
・精神障害がある方に対し、通院できるよう出退勤時刻や休暇などを調整すること。
・聴覚障害がある方に対し、危険箇所や危険発生を視覚で確認できるようにすること。
※合理的配慮は障害者一人ひとりの状態や職場の状況に応じて求められるものが異なるため、障害者と事業主でよく話し合ったうえで決めます。

事業主は障害者に対する差別や合理的配慮の提供にかかわる事柄において、雇用する障害者から苦情の申し出があった場合には、自主的な解決を図るよう努力する必要があります。障害者が遠慮なく相談できる窓口を設置するなどの工夫が求められます。社内での解決が難しい場合には「各都道府県の労働局」や「紛争調整委員会」への相談が可能です。

企業と障害者、双方にメリットがあるトライアル雇用

「障害者トライアル雇用」は、厚生労働省・都道府県労働局・ハローワークが行う施策で、障害者を原則3カ月試行雇用することで、適性や能力を見極め、継続雇用のきっかけとしてもらうことを目的とした制度です。

3カ月間は、いわば雇用する企業と障害者のお試し期間。企業側はハードル低く障害者雇用を始められ、障害者側も継続的に勤められる企業かどうかを見極めることができます。

障害者トライアル雇用求人を事前にハローワークなどに提出し、対象者を原則3カ月間の有期雇用で雇い入れ、一定の要件を満たした場合、月額最大4万円の助成金を受けとることが可能です。精神障害者を初めて雇用する場合は月額の助成金額が最大8万円となります。

平成30年4月からの精神障害者のトライアル雇用に関する助成内容が拡充されました。精神障害者の雇用に限り、トライアル雇用期間が6カ月に延長。最大12万円（月額4万円×3カ月）の助成金が、最大36万円（月額8万円×3カ月＋月額4万円×3カ月）に変更されました。

精神障害者や発達障害者で、週20時間以上の勤務が難しい場合、週10～20時間勤務から開始し、職場への適応や体調に応じて、試行雇用期間中に週20時間以上を目指す「障害者短時間トライアル雇用制度」というものがあり、こちらの制度を利用した場合も月額最大4万円の助成金が支給されます。

トライアル雇用後も8割以上の方が継続して雇用されているという報告もあります。初めて障害者雇用をする場合には、ぜひ「トライアル雇用制度」を検討してみてください。トライアル雇用の開始にあたって実施計画書を提出したり、トライアル雇用終了後に支給申請書を提出したりするなど細かな決まりがあります。支給対象とならないケースもありますので、トライアル雇用制度の活用にあたっては、お近くのハローワークに相談するようにしてください。

障害者の定着をサポート！ジョブコーチ制度

厚生労働省が行う政策の一つに「職場適応援助者（ジョブコーチ）支援事業」があります。職場にジョブコーチが出向き、障害特性をふまえた直接的で専門的な支援を行い、障害者の職場適応や定着を図る事業です。

ジョブコーチは、障害者と事業主の双方を支援します。たとえば、障害者に対しては「職場の従業員との関わり方」や「効率的な作業の進め方」について、事業主に対しては「障害者が力を発揮しやすい作業の提案」や「障害特性をふまえた仕事の教え方」についてアドバイスします。場合によっては、安定した職業生活を送るため、障害者の「家族」に関わり方の助言をすることもあります。

支援期間は1～8カ月で、企業の事情により異なりますが2～4カ月が標準的な期間です。また支援終了後も、必要に応じてフォローアップを行ってくれます。

ジョブコーチの種類は三つ。地域障害者職業センターに所属するジョブコーチが事業所に出向いて支援する「配置型」、就労支援を行っている社会福祉法人などに所属するジョブコーチが事業所に出向いて支援する「訪問型」、自社の従業員がジョブコーチ養成研修を受けて自社で雇用する障害者の支援を行う「企業在籍型」です。

企業在籍型ジョブコーチによる支援を行う場合には助成金を活用することも可能ですが、自社社員がジョブコーチ養成研修を受けなければならないため、「配置型」「訪問型」を選択する企業が多いです。

ジョブコーチを利用した企業からは「最初は、障害者にどの程度の作業水準を求めていいのかわからなかったが、目標設定や仕事の任せ方など相談に乗ってもらって助かった」「ストレスを感じやすい場面や体調変化の兆しなどについて教えてもらえた」などの声があり、初めて障害者雇用を行う企業の心強い味方です。自社以外に相談先を持っておくことで、なにかトラブルが起きた場合にも第三者の視点から助言をもらうことができます。ジョブコーチの支援を得たい場合は、お近くの地域障害者職業センターにお問い合わせください。

実はこんなに多い！助成金制度

経済的負担の軽減を目的に、事業主に対してさまざまな助成金が用意されています。

ここでは主たる助成金の概要を紹介します（厚生労働省「障害者雇用のご案内」／平成30年4月1日時点）が、助成金自体が廃止されたり、助成金を受給するための受給要件や支給申請期間が変更されたりすることもあります。

詳しい内容はハローワークや地域の労働局などの各受付機関にお問い合わせください。

障害者を試行的に雇用する事業主向け

■トライアル雇用助成金（障害者トライアルコース／障害者短時間トライアルコース）

ハローワークなどの紹介により、一定期間試行雇用を行う事業主に対して助成されます。精神障害者の場合、支給対象者一人につき3カ月間は月額最大8万円、4カ月目以降は月額最大4万円です。週20時間未満の勤務から週20時間以上を目指す精神障害者の短時間トライアルコースの場合も、支給対象者一人につき月額最大4万円の助成金が受け取れます。

障害者を継続的に雇用する事業主向け

■特定求職者雇用開発助成金（特定就職困難者コース）

高齢者や障害者などの就職困難者をハローワークなどの紹介により継続して雇用する労働者として雇い入れた事業主に対して助成されます（雇用保険一般被保険者として雇い入れ、対象労働者の年齢が65歳以上に達するまで継続して雇用し、かつその雇用期間が継続して2年以上であることが確実と認められること）。

■特定求職者雇用開発助成金（発達障害者・難治性疾患患者雇用開発コース）

発達障害者・難治性疾患患者をハローワークなどの紹介により継続して雇用する労働者として雇い入れた事業主に対して助成されます（雇用保険一般被保険者として雇い入れ、対象労働者の年齢が65歳以上に達するまで継続して雇用し、かつその雇用期間が継続して2年以上であることが確実と認められること）。

障害者を初めて雇用する中小企業の事業主向け

■特定求職者雇用開発助成金（障害者初回雇用コース）

障害者雇用の経験がない中小企業（労働者数45.5～３００人）で、雇用義務制度の対象となるような障害者を初めて雇用し、これにより法定雇用義務を達成する事業主に対して助成されます。助成額は120万円です。

障害者を雇用するためだけではなく、雇用後に、障害者の定着・活躍を目的とした措置を行う事業主向けの助成金もあります。次に紹介する「障害者雇用安定助成金」や「障害者作業施設設置等助成金」「障害者介助等助成金」「重度障害者等通勤対策助成金」はその一例です。

■障害者雇用安定助成金（障害者職場定着支援コース）

職場定着支援計画を作成し、「柔軟な時間管理・休暇付与」「短時間労働者の勤務時間延長」「正規・無期転換」「職場支援員の配置」「職場復帰支援」「中高年障害者の雇用継続支援」「社内理解の促進」のいずれかの措置を講じた事業主に対して助成されます。ハローワークもしくは地域の労働局で受け付けており、助成額は措置ごとに異なります。

■障害者雇用安定助成金（障害者職場適応援助コース）

ジョブコーチ（職場適応援助者）による援助を必要とする障害者のために、支援計画にもとづき企業在籍型ジョブコーチによる支援を実施する事業主に対して助成されます。問い合わせ窓口はハローワークもしくは地域の労働局です。

■障害者作業施設設置等助成金

障害者の障害特性による就労上の課題を克服する作業施設の設置、整備を行う事業主に対して助成されます。助成額は支給対象費用の3分の2。問い合わせ窓口は、独立行政法人高齢・障害・求職者雇用支援機構の都道府県支部です。

■障害者介助等助成金

障害者の障害特性に応じた適切な雇用管理のために必要な介助者を配置する事業主に対して助成されます。助成額は支給対象費用の一部であり、措置ごとに異なります。問い合わせ窓口は、独立行政法人高齢・障害・求職者雇用支援機構の都道府県支部です。

■重度障害者等通勤対策助成金

障害者の障害特性に応じて通勤を容易にするための措置を行う事業主に対して助成されます。助成額は支給対象費用の4分の3。問い合わせ窓口は、独立行政法人高齢・障害・

求職者雇用支援機構の都道府県支部です。

また、各種助成金以外にも、障害者を多数雇用する企業を対象とした税制優遇制度があります。優遇措置は、法人税（個人事業主の場合は所得税）、事業所税、不動産取得税、固定資産税に設けられています。ハローワークに問い合わせると、税制優遇の要件を満たしているかどうかなどの確認が可能です。詳しくは最寄りのハローワークにお問い合わせください。

ぜひ検討を！障害者の職場実習受け入れ

障害者を雇用する前に、障害者の職場実習を受け入れる制度を利用してみるのはいかがでしょうか。実際に雇用するうえで何が大切なのか、どんな準備が必要なのかを想像しやすくなるはずです。

障害者の職場実習を受け入れる企業はまだまだ少なく、障害者側も働く体験を積めずに困っています。ご興味のある方は、ぜひ都道府県労働局や高齢・障害・求職者雇用支援機構に問い合わせをしてみてください。「障害者を雇うイメージがわかない」「障害者雇用の事例が知りたい」企業向けのサービスや支援も受けられます。

障害者雇用企業の見学

都道府県労働局では、障害者雇用のノウハウを持つ企業や職場実習を受け入れている企業、特別支援学校などの見学会を実施しています。実際に障害者を雇用している企業や、障害者を支援している学校の先生方から直接話を聞くことで、障害者雇用のイメージを持てるようになります。

職場実習の受け入れ支援

高齢・障害・求職者雇用支援機構では、障害者の職場実習・職場体験を推進しています。障害者を雇用したことがない事業主や、初めて精神障害者を雇用しようとする事業主は、ハローワークに求職登録している障害者や支援機関などで支援を受けている方の職場実習・職場体験を受け入れることができます。実習の期間は1週間～1カ月。職場実習の対象者を、実習終了後に直接雇用することもできます。また実習にあたっては専門の職員が、任せる仕事の内容やカリキュラムの企画などフォローしてくれるので安心です。

就労支援機器の紹介・無料貸出

高齢・障害・求職者雇用支援機構では、障害者の就労を支援する機器の一部を、一定期間無料で貸し出すサービスを行っています。また、同ホームページでは障害者雇用に先駆的に取り組んでいる事業所の好事例を紹介する「障害者雇用事例リファレンスサービス」や、障害者雇用に関する問題点を解決するためのノウハウや具体的な雇用事例をまとめた「障害者雇用ハンドブック・マニュアル」配信も行っていますので、こちらも参考にしてみてください。

おわりに

最後まで読んでくださり、誠にありがとうございます。ここまで読んでくださったみなさんは今、「障害者雇用」に対してどのようなイメージをお持ちでしょうか。読む前と比較して、〝変化〟はあったでしょうか。

「障害があっても、障害がなくても、採用や雇用をするうえで大切なことは変わらない」

これが、本書を通じて一貫して伝えたかったメッセージです。目の前にいる人がどのような強みを持っているか。その資質を活かしてどのように会社に貢献してもらうか。社員一人ひとりにしっかりと向き合っていけば（関心や愛情の水をたっぷりと注いでいけば）、つぼみはいつか花ひらき、たくましく成長してくれるもの。それは、障害者も健常者も変わりません。

この事実を実感するためにも、まずは、「障害者の第1号社員」を雇用することです。最初はうまくいかなかったり、悩んだりすることもあるかと思います。しかし、それは現在、障害者雇用に成功している、どの企業も通ってきた道。本書では、その〝最初の壁〟を乗りこえるヒントとなる具体的な方法を示したつもりです。

第1号社員が活躍するようになれば、会社の空気が変わります。既存の社員に好影響を与え、さらに障害者採用に積極的に取り組むことができるでしょう。

そして障害者雇用を契機に、さらに一歩踏みこんで、「障害のない社員」ともしっかりと向き合ってみてください。

けがや病気、老化や介護などを理由に、これまでと同じ働き方ができなくなることは、誰にでも起こり得ること。そのとき、すぐにその社員を切りすてるのではなく、「どうすればその方の能力を活かせるのか」を、ぜひ考えてみてほしいのです。

一見マイナスに思える出来事も、それにより新たな気づきが生まれ、会社に好影響を与えたり、想像以上に活躍してくれたりすることがあります。どのような環境・状況になっても真摯に人と向き合える企業こそ、持続的な発展が期待できる「強い企業」だと私は思います。

この本のエッセンスを障害者雇用にとどまらず、一般採用や中途採用にも活かしていただければ望外の喜びです。

本書を読んでくださった方々の会社が、「誰もが自らの能力を発揮し、働ける会社」となり、さらに発展していくことを心から願っています。

最後になりましたが、新泉社の樋口博人さん、構成をご担当された猪俣奈央子さん、J.Discoverの城村典子さんには、本書の制作にあたり、たいへんお世話になりました。企画から出版まで多大なサポートをいただいたことに感謝いたします。

取材に協力してくださった企業のみなさま、就労支援事業所のみなさま、特別支援学校のみなさま、誠にありがとうございました。プライバシーへの配慮から会社名などの公表は控えましたが、お忙しいなか貴重な時間をつくってくださったことに感謝いたします。

みなさんの会社などのさらなるご発展をお祈りします。

現在勤めている会社は、もうすぐ勤続15年となります。充実した幸せな人生が送れているのは、今の仕事があるからこそです。会社のみなさまに感謝いたします。

これまで育ててくれた家族、私の活動を支えてくれているスタッフの山本恭子さん、これまで出会ったすべての方に感謝いたします。

2020年3月　紺野大輝

参考文献

『ドラッカー名著集1　経営者の条件』P.F.ドラッカー、ダイヤモンド社、２００６年
『実践するドラッカー　利益とは何か』佐藤等（著）・上田惇生（監修）、ダイヤモンド社、２０１３年
『大丈夫、働けます。』成澤俊輔、ポプラ社、２０１８年
『寝たきりだけど社長やってます』佐藤仙務、彩図社、２０１４年
『サイボーグ時代』吉藤オリィ、きずな出版、２０１９年
『働く幸せ』大山泰弘、ＷＡＶＥ出版、２００９年
『障がい者の能力を戦力にする』川島薫、中央公論新社、２０１８年
『障害のある子が将来にわたって受けられるサービスのすべて』渡部伸（監修）、自由国民社、２０１９年

紺野大輝（こんの・たいき）

1976年、北海道生まれ。「脳性麻痺による脳原両上肢機能障害（2級）」という障害を持って生まれる。

2000年、法政大学卒業後、都内老舗ホテルに入社、購買部で5年間勤務する。当時、障害者採用の存在を知らず一般採用で就職活動を行う。

2006年、障害者採用で転職、従業員1,800名の企業に入社。最初に配属された部門で障害者の採用・教育に携わり、その後、人事部に異動。

2015年より障害者雇用の啓発活動を行う。「全国・講師オーディション2015―100年後に残したい話―」にて「奨励賞」を受賞。

2016年、初の著書『障がい者の就活ガイド』（左右社）を出版。今までにない就活本で反響も大きく、朝日新聞「天声人語」など各種メディアで取り上げられる。

紺野大輝公式ホームページ：https://konnotaiki.net/

会社を変える障害者雇用
人も組織も成長する新しい職場づくり

2020年4月10日　第1版第1刷発行

著　者　紺野大輝
発行者　株式会社 新泉社
東京都文京区本郷2-5-12
電話　03(3815)1662
FAX　03(3815)1422
印刷・製本　創栄図書印刷 株式会社

ISBN978-4-7877-2009-2 C0036